Die IT-Fabrik

Andreas Kohne · Helmut Elschner ·
Kai-Uwe Winter · Ludger Koslowski ·
Philipp Kleinmanns · Stefan Dellbrügge ·
Ulrich Pöhler

Die IT-Fabrik

Der Weg zum automatisierten IT-Betrieb

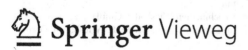 Springer Vieweg

Andreas Kohne
Helmut Elschner
Kai-Uwe Winter
Ludger Koslowski
Philipp Kleinmanns
Materna GmbH
Dortmund, Deutschland

Stefan Dellbrügge
Ulrich Pöhler
Materna GmbH
München, Deutschland

ISBN 978-3-658-15930-6   ISBN 978-3-658-15931-3 (eBook)
DOI 10.1007/978-3-658-15931-3

Die Deutsche Nationalbibliothek verzeichnet diese Publikation in der Deutschen Nationalbibliografie; detaillierte bibliografische Daten sind im Internet über http://dnb.d-nb.de abrufbar.

Springer Vieweg
© Springer Fachmedien Wiesbaden GmbH 2016

Gedruckt auf säurefreiem und chlorfrei gebleichtem Papier.

Springer Vieweg ist Teil von Springer Nature
Die eingetragene Gesellschaft ist Springer Fachmedien Wiesbaden GmbH
Die Anschrift der Gesellschaft ist: Abraham-Lincoln-Strasse 46, 65189 Wiesbaden, Germany

Geleitwort

Viele CIOs sehen ihre Organisation als Business Enabler, der die Unternehmensziele technologisch unterstützt, neue Geschäftsmodelle ermöglicht und das Unternehmen durch Innovation in einer führenden Position im Wettbewerb hält. Mit den Konzepten der IT-Fabrik rückt diese Sichtweise auf die eigene Organisation nun in greifbare Nähe. Hierbei werden die einzelnen Technologien, die auch bislang schon für eine agile und flexible IT gesorgt haben, sinnvoll kombiniert und in ein Gesamtkonzept eingebunden.

Vor allem aber stehen der Endanwender und die Fachbereiche im Fokus der IT-Fabrik. Hierbei beantwortet die IT-Fabrik die Frage, wie ein Service den Endanwender und das Business optimal unterstützen kann und nicht, wie die IT einen Service aus IT-Sicht bestmöglich erbringen kann. Diese veränderte Sichtweise lenkt den Blickwinkel auf Ende-zu-Ende-Services. Es zählt das Ergebnis und nicht der technologische Weg.

Natürlich bedient sich die IT dabei vielfältiger Technologien, um diesen Weg gehen zu können. Die neue Technologiegeneration der Hersteller berücksichtigt dabei schon vielfach die Phänomene wie Self-Services, Shift left, Cloud-basierte Services, die Provider-übergreifende Nutzung von Services sowie den mobilen Zugriff auf Services.

Lesen Sie in diesem Fachbuch über die IT-Fabrik, wie es Ihnen gelingen kann, das Konzept der IT-Fabrik auch in Ihrer IT-Organisation zu verankern und damit nicht nur als CIO zu punkten, sondern auch den CEO und CFO von der nachhaltigen Leistungsfähigkeit und Qualität Ihrer IT zu überzeugen.

Dortmund, September 2016

Uwe Scariot
Executive Vice President
Business Line IT Factory
Materna GmbH

Vorwort

In den vergangenen zehn Jahren, in denen ich mich sehr intensiv mit dem Management und Betrieb von großen IT-Umgebungen befasst habe, habe ich viele neue Trends, Hypes und Technologiewechsel mit Spannung beobachtet und Kunden in der Umsetzung großer und kleiner Projekte begleitet. Zurzeit verändert sich die IT wieder einmal grundsätzlich. Doch dieses Mal ist nicht eine neue Technologie, eine neue Hardware oder eine neue Software der Auslöser. Dieses Mal verändert sich das gesamte Grundverständnis der zentralen Unternehmens-IT. Die IT verändert sich vom klassischen IT-Betreiber zum geschäftsentscheidenden Produktionsfaktor. Dabei wird nicht mehr in Technik, sondern in Services gedacht, die sich direkt auf den Unternehmenserfolg auswirken.

Diese Veränderung, die intensiv durch das Cloud-Paradigma getrieben wird, stellt die IT vor große Herausforderungen. Denn die neuen Anforderungen wirken sich nicht nur auf die eigentliche IT aus, sondern auch auf die Art und Weise, wie die IT und im speziellen der CIO sich selbst verstehen. Der CIO muss vom Betriebsleiter zum Service-Orchestrierer werden.

Um die Business-Anforderungen technologisch bedienen zu können, durchlaufen viele große IT-Abteilungen eine massive Veränderung. Solch eine Veränderung hat in der fertigenden Industrie schon vor Jahrzehnten stattgefunden. Mit der Einführung der Fließbandarbeit durch den Automobilpionier Henry Ford war die industrielle Revolution der Fertigung nicht mehr zu bremsen. Genau solch eine Industrialisierung beobachte ich in den letzten Jahren in der IT. Die IT wird standardisiert und in kleinstmögliche Teilservices zerlegt, die leicht wiederverwendet werden können, und ihre Herstellung und ihr Betrieb werden weitestgehend automatisiert. Dazu werden die Systeme durch die Virtualisierung auf allen Ebenen immer flexibler und agiler.

Die IT-Abteilungen können die Geschwindigkeit der Veränderung in vielen Fällen nicht mehr auf sich allein gestellt abfedern. Eine moderne IT muss atmen können. Das heißt, sie muss sich passgenau an den Anforderungen aus dem Business ausrichten. Dies ist in vielen Fällen nur noch durch die Integration von externen Cloud-Ressourcen möglich. Solch eine Integration ist technisch inzwischen kein Problem mehr. Vielmehr treiben Themen wie das Multi-Provider-Management, die IT-Sicherheit und vor allem der Datenschutz die Komplexität in die Höhe. Hier gibt es in vielen Bereichen noch keine allgemeingültigen Lösungen.

Die Digitalisierung und die Globalisierung forcieren die Veränderung permanent weiter. Um auch morgen noch erfolgreich zu sein, müssen Unternehmen wie auch Behörden und ihre IT-Abteilungen umdenken.

Das Ziel sollte die vollautomatische Produktion Business-relevanter IT-Services sein. Genau dieses Ziel verfolgt die IT-Fabrik. Sie nimmt Kundenanforderungen aus einem definierten Katalog entgegen und produziert zeitnah und selbstständig den gewünschten Service. Egal, ob dieser Service im eigenen Rechenzentrum oder in einer Cloud provisioniert und betrieben werden muss. Die IT-Fabrik verbirgt die gesamte Komplexität und löst auch im Fehlerfall die Probleme im weitesten Sinne automatisch.

Wie Sie sich sicher denken können, ist die Realisierung einer IT-Fabrik sehr komplex. Es müssen sowohl viele technische Themen als auch viele Prozesse betrachtet werden. Hier ein kleiner Vorgeschmack auf eine nicht vollständige Liste: Automatisierung, Orchestrierung, Virtualisierung, Standardisierung, IaaS, SaaS, PaaS, ITIL®, CMDB, DevOps, rechtliche Aspekte, IT Security, Abrechnung (Pay-per-Use) usw.

Bisher existiert noch kein Fachbuch zu diesem höchst aktuellen Thema. Dies haben wir zum Anlass genommen und dieses Buch als Einführung in das Thema IT-Fabrik geschrieben.

Um möglichst viele Aspekte abdecken zu können, wurden Spezialisten aus den jeweiligen Bereichen als Autoren für dieses Buch gewonnen. Im Folgenden werden die Autoren kurz vorgestellt:

Helmut Elschner (helmut.elschner@materna.de) ist Information Security Architect bei der Materna GmbH. Er berät und unterstützt Kunden systematisch und methodisch bei der Konzeption, Umsetzung, Überprüfung und Bewertung von IT-Sicherheitsvorhaben, bei der Durchführung von IT-Risiko-Assessments und internen Audits sowie bei der Einführung und weiteren Ausgestaltung von Informationssicherheits-Management-Systemen (z. B. ISO 27001, BSI IT-Grundschutz, ISIS12).

Dr. Kai-Uwe Winter (kai.winter@materna.de) leitet das HP Competence Center bei der Materna GmbH und arbeitet bei Kunden als Lösungsarchitekt und Berater für Software-Produkte von Hewlett Packard Enterprise.

Ludger Koslowski (ludger.koslowski@materna.de) arbeitet seit fast 20 Jahren bei der Materna GmbH und ist dort seit mehr als 15 Jahren in leitender Funktion im Bereich IT-Management tätig. Aktuell führt er als Vice President die Abteilung Technology Consulting in der Business Line IT Factory.

Philipp Kleinmanns (philipp.kleinmanns@materna.de) leitet das Portfolio Management der Business Line IT Factory bei der Materna GmbH. Zu seinem Tätigkeitsbereich gehört die marktbezogene Weiterentwicklung der Leistungen rund um die IT-Fabrik.

Stefan Dellbrügge (stefan.dellbruegge@materna.de) arbeitet seit mehr als zehn Jahren bei der Materna GmbH und verantwortet im Portfolio Management die Produktentwicklung Cloud-basierter Managed Services.

Ulrich Pöhler (ulirch.poehler@materna.de) ist seit mehr als 15 Jahren bei der Materna GmbH als Spezialist für Service Management und Cloud Management aktiv, davon zehn Jahren in verschiedenen leitenden Funktionen.

Ich (andreas.kohne@materna.de) habe in den vergangenen drei Jahren als Business Development Manager und Produkt Manager unter anderem in den Bereichen IT-Management und Cloud Computing bei der Materna GmbH gearbeitet. Aktuell bin ich als Assistent der Geschäftsführung im gleichen Unternehmen tätig.

Mit diesem Buch geben wir Ihnen einen kompakten Überblick über alle relevanten Themen rund um die IT-Fabrik. Das Autorenteam hofft, dass Ihnen das Buch dabei hilft, das Thema IT-Fabrik ganzheitlich zu verstehen und die Relevanz für Ihren IT-Betrieb einzuschätzen. Im besten Fall unterstützt Sie dieses Buch auf Ihrem ganz individuellen Weg in die IT-Fabrik.

Für Rückfragen zu diesem Buch oder zu speziellen Themen steht Ihnen das Autorenteam jederzeit gerne zur Verfügung.

Ich wünsche Ihnen eine interessante Lektüre und viele relevante Anregungen für Ihre IT.

Dortmund, September 2016   Andreas Kohne
Assistent der Geschäftsführung
Materna GmbH

Inhaltsverzeichnis

Abbildungsverzeichnis

Einleitung

1

Zusammenfassung

Die Business-Anforderungen an IT-Dienstleister steigen von Tag zu Tag. Es wird erwartet, dass flexibel und schnell auf neue Marktsituationen regiert werden kann, während das Kerngeschäft optimal und vor allem stabil unterstützt wird. Auch die Anforderungen der internen und externen Kunden steigen mit der fortschreitenden Digitalisierung weiter an. Um all diesen Anforderungen gerecht zu werden, reicht ein klassischer, Silo-getriebener IT-Betrieb nicht mehr aus. IT-Dienstleister müssen sich heute als Business-Partner und Innovationstreiber sehen, die agile IT-Services lokal und aus der Cloud heraus anbieten können. Ziel ist die Fließband-artige Produktion von standardisierten Services in immer gleichbleibend hoher Qualität. Um dies zu erreichen, wird der Aufbau und Betrieb einer IT-Fabrik nötig.

Die IT verändert sich von jeher sehr schnell. Sie verändert Geschäftsmodelle, lässt neue Industrien entstehen und bietet kontinuierlich neue Chancen und Möglichkeiten. Auch die Bereitstellung und der Betrieb von IT-Diensten haben sich in den letzten Jahren fundamental verändert. Die Anfänge der IT beherrschten zentrale Großrechner, die über abgesetzte Terminals bedient wurden. Nach und nach entwickelten sich klassische Arbeitsplatzrechner, die PCs. Sie dezentralisierten die Datenverarbeitung und Diensterbringung. Im nächsten Schritt wurde mit Hilfe der Client-Server-Strukturen der Betrieb der Kernapplikationen wieder zentralisiert. Schließlich verteilte sich mit dem Durchbruch des Internets die Diensterbringung wieder.

Die Effekte des Zentralisierens, Dezentralisierens sowie des Out- und Insourcens haben sich in den letzten Jahren immer weiter verstärkt und gipfeln zurzeit im Cloud Computing. Auch für IT-Service-Erbringer und -Betreiber ergeben sich

© Springer Fachmedien Wiesbaden GmbH 2016   1
A. Kohne et al., *Die IT-Fabrik*, DOI 10.1007/978-3-658-15931-3_1

hierdurch neue Chancen und Möglichkeiten, um Services bedarfsgerecht und flexibel zur Verfügung zu stellen. Diese Chancen gilt es zu erkennen und proaktiv zu
nutzen.

Bisher wurde, vor allem bei großen IT-Dienstleistern und Rechenzentrumsbe-
treibern, in Silos gedacht und betrieben. So gab es jeweils einzelne Silos für Speicher (Storage), Netzwerk, Server, Virtualisierung, Betriebssysteme, Middleware
und Applikationen. Innerhalb der Silos wurde (oft unabhängig von den übrigen
Silos) geplant, getestet und betrieben. Die Kommunikation zwischen den einzelnen Silos und ihren Verantwortlichen ließ oft zu wünschen übrig. Somit wurden
die zu betreibenden Services zwar innerhalb der einzelnen Silos optimal unterstützt, es gab aber oft keine Ende-zu-Ende-Sicht auf die Services. Dies führte
zu langen Bereitstellungszeiten für neue Services. Im Fehlerfall schoben sich die
Silos die Verantwortung zu, was zu langen Service-Ausfällen und oft auch zu
finanziellen Schäden führte. Es fehlten eine Silo-übergreifende Automatisierung
von Bereitstellungs- oder Veränderungsprozessen (Change-Prozessen) und eine
IT-weite zentrale Service-Orchestrierung. Dies bedingte oft langwierige manuelle Arbeitsschritte, deren Qualität bei jeder Wiederholung schwankte. Das Ergebnis
war eine statische und unflexible IT – wie sie größtenteils auch heute noch in den
Unternehmen zu finden ist.

Die weltweite Vernetzung und Digitalisierung von Geschäftsprozessen und Ser-
vices stellt zunehmend den Benutzer und damit die Kunden der IT in den Mittel-
punkt. Auch müssen immer schneller neue Geschäftsideen entstehen. Diese neuen
Geschäftsideen und Business-Modelle können dabei so disruptiv sein, dass ganze
Wirtschaftszweige verschwinden und über Nacht neue entstehen – sogenannte Big
Bang Disruptionen (vgl. [1]). So hat zum Beispiel die Einführung von Video-On-
Demand die klassischen Videotheken fast verschwinden lassen.

Um mit diesen Herausforderungen Schritt zu halten, muss sich die IT grundlegend wandeln. Sie muss agil arbeiten, sich schnell an Veränderungen im Markt
anpassen und flexibel auf Kundenwünsche eingehen. Geschieht dies nicht, werden die Kunden unzufrieden und das Geschäft oder Image werden geschädigt. Im
schlimmsten Fall wandern die Kunden zur Konkurrenz ab.

Anwender sind es heute gewohnt, schnell neue IT-Services zu bestellen, zu
nutzen und wieder abzubestellen. Mit der Einführung von Smartphones und Tablets und der allumfassenden Integration in das private Leben ist der einfache und
vollautomatische Umgang mit IT für viele Anwender selbstverständlich geworden.
Aus den Erfahrungen im privaten Bereich entstehen hohe Anforderungen und Be-
gehrlichkeiten im geschäftlichen Bereich. Dieses Phänomen der Erwartungsüber-
tragung vom privaten auf den beruflichen Bereich wird auch als Consumerization
bezeichnet (vgl. [2]). Der Benutzer möchte Services eigenständig aus einem vor-

gefertigten Service-Katalog über ein Webinterface bestellen und nach Verbrauch abrechnen – sogenanntes Pay-as-you-go oder On-Demand. Die Zeiten langwieriger Bestell- und Freigabeprozesse sind endgültig vorbei. Kann eine zentrale IT dies nicht leisten, lauern die Gefahren einer Schatten-IT.

Dies bedeutet, dass die Benutzer an der zentralen IT vorbei IT-Systeme und Services selbst einkaufen und ohne Zutun der IT-Abteilung in das Unternehmensnetzwerk integrieren. Hierdurch entstehen Sicherheitsprobleme für die gesamte IT und auch der Datenschutz wird ausgehebelt. Dies gilt es, zu vermeiden.

Trotz der hohen Komplexität kann die IT dieser Situation Herr werden. Sie sollte sich als zentralen Innovator für das Geschäft positionieren und den Erfolg des Unternehmens bewusst mitgestalten. Damit wird die IT zum Enabler für zukunftsweisendes Geschäft. Hierbei profitieren IT-Betreiber von den Erfahrungen, die die fertigende Industrie bereits vor Jahrzehnten durch die Industrialisierung gesammelt hat. Das Ziel ist die automatisierte IT-Fabrik.

In der IT-Fabrik werden standardisierte IT-Prozesse vollautomatisch bereitgestellt und betrieben. Dabei werden vordefinierte Teilservices (auch IT Building Blocks genannt) nach Bedarf automatisch wie am Fließband zu vollwertigen IT-Services zusammengestellt und über vordefinierte Wege an die Kunden ausgeliefert. Diese (Teil-) Services werden in einem zentralen Service-Katalog gepflegt und können von dort vom Benutzer bestellt werden. Dabei spielt es keine Rolle, ob die (Teil-) Services noch selbst (im eigenen Rechenzentrum) produziert und betrieben werden oder ob sie von einem Dritten (zum Beispiel in der Cloud) betrieben und über standardisierte Schnittstellen integriert werden. Somit wird die IT für den Anwender zu einer Black-Box, die auf Bestellung den gewünschten Service in kürzester Zeit zur Verfügung stellt. Genauso komfortabel kann ein Service auch wieder abbestellt werden, wenn er nicht mehr benötigt wird. Die Nutzung wird nach Ressourcenverbrauch oder Nutzungsdauer Kostenstellen-genau verrechnet. Dies löst die unspezifischen IT-Umlagen der Vergangenheit vollständig ab.

Für den Betrieb der IT-Fabrik werden moderne Produkte eingesetzt. Neben einer durchgehenden Standardisierung beginnend beim kompletten Hardware-Stack bis hin zu den eingesetzten Software-Produkten sollten alle Systeme weitgehend virtualisiert werden. Dies übernehmen sogenannte Software Defined Data Centers (SDDC). Sie virtualisieren vollständig alle wichtigen Ressourcen (Netzwerk, Speicher, Rechenleistung). Dadurch lassen sich die Ressourcen dynamisch zuteilen und ganzheitlich über Software steuern. Neu ist der direkte Einsatz vorkonfektionierter Hardware-Software-Kombinationen im Rechenzentrum, die ein schnelles Ressourcenwachstum sicherstellen. Hierbei wird von sogenannten Hyperconverged Systems gesprochen.

Doch auch beim Betrieb, der Verwaltung und der Fehlerbehebung müssen an zentraler Stelle standardisierte Produkte eingesetzt und miteinander verknüpft werden. Dies bricht die klassischen Silos auf und ein durchgängiger Service-Betrieb wird möglich.

Die IT-Fabrik erschließt sich daher am besten über drei Wege, die den Lebenszyklus eines Services beschreiben:

1. Den Anforderungsweg
2. Den Bestellweg
3. Den Störungsweg (auch Incident-Weg)

Diese drei Wege werden in Abb. 1.1 grafisch dargestellt und im Folgenden genauer beschrieben. Gleichzeitig bilden sie auch den Rahmen des vorliegenden Buches. Kap. 2 beginnt mit dem Anforderungsweg. Hierbei wird beschrieben, wie Sie die Anforderungen aus dem Geschäft erfassen und sie in Ihr IT-Konzept mit aufnehmen können. Im Anschluss daran geht Kap. 3 auf den Service-Katalog und IT Building Blocks ein. Dabei wird die Wichtigkeit eines Katalog-Managements und

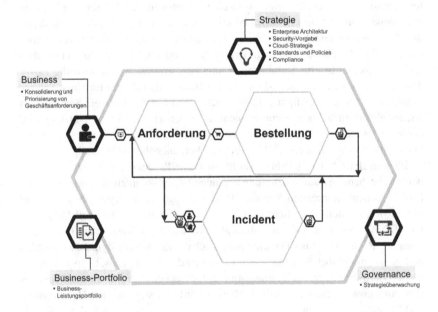

Abb. 1.1 Schematischer Aufbau der IT-Fabrik

die Planung sowie die Erstellung von wiederverwertbaren IT-Services im Detail beleuchtet. Es folgt der Bestellweg in Kap. 4. Hier geht es um das Service-Portal und das Multi-Provider-Management. Es wird erläutert, wie Sie Ihren Kunden die angebotenen Services optimal präsentieren können und wie mit Hilfe eines übergreifenden Service-Brokerings interne wie externe Service-Anbieter orchestrieren können. Kap. 5 geht auf den Störungsweg (Incident-Weg) ein. Es behandelt die Themen IT-Betrieb und CMDB (Configuration Management Database). Kap. 6 beschäftigt sich mit dem sogenannten Shift Left. Dabei wird beschrieben, wie Sie es mit Hilfe neuster Technologien schaffen können, Ihren zentralen IT-Support zu entlasten. IT-Security und Datenschutz müssen in einer IT-Fabrik gesondert betrachtet werden, da sie sich auf die gesamte IT-Fabrik auswirken. Darum beschäftigt sich das Kap. 7 mit diesem übergreifenden Thema.

Jedes Kapitel wird mit einer Checkliste abgeschlossen, in der Sie wichtige Fragen finden, die Ihnen auf dem Weg zu einer IT-Fabrik helfen. Weiterhin haben die Autoren am Ende des Buches weiterführende Literaturempfehlungen für Sie zusammengetragen, die Ihnen helfen, sich mit den komplexen und facettenreichen Themen weiter zu beschäftigen.

Die Umsetzung einer IT-Fabrik ist individuell und komplex. Beginnend bei der IT-Infrastruktur über den Service-Katalog, die Automatisierung und Orchestrierung bis zur IT-Sicherheit müssen viele Teilaspekte integriert und optimiert werden. Daher empfehlen die Autoren die Planung und Umsetzung einer IT-Fabrik gemeinsam mit einem professionellen Berater, der dabei unterstützt, die Anforderungen an eine flexible und zukunftsweisende IT bestmöglich umzusetzen.

Wir hoffen, dass Ihnen dieses Buch hilft, sich einen fundierten Überblick über den Aufbau und Betrieb einer modernen IT-Fabrik zu verschaffen. Es würde uns freuen, wenn Sie mit Hilfe dieses Buches Ihre IT-Services flexibler gestalten und Ihren internen und externen Kunden agiler bereitstellen können. Wir wünschen Ihnen viel Erfolg und vor allem viel Spaß beim Lesen.

Literatur

1. L. Downes and P. Nunes. *Big Bang Disruption: Strategy in the Age of Devastating Innovation*. Penguin Publishing Group, 2014.

2. Andreas Kohne, Sonja Ringleb, and Cengizhan Yücel. *Bring your own Device: Einsatz von privaten Endgeräten im beruflichen Umfeld - Chancen, Risiken und Möglichkeiten*. Springer Vieweg, 2015.

Teil I
Anforderung

Anforderungsorientierte IT

2

Zusammenfassung

Die Rolle der IT-Organisationen ist im Wandel. Die Bereitstellung von Leistungen, wie beispielsweise virtueller Infrastrukturen, Datenbanken und gängigen Büroanwendungen, erfolgt weitgehend standardisiert und mit einem zunehmenden Grad an Automatisierung. Viele IT-Abteilungen haben ihre Leistungen bereits in Standard-Services abgebildet, die sie entweder selbst in hoher Geschwindigkeit und Qualität liefern können, oder von externen Anbietern beziehen. Damit ist der Grundstein für eine anforderungsorientierte IT gelegt. IT-Organisationen stehen vor der Herausforderung, ihr Auftreten gegenüber den Fachbereichen grundlegend zu ändern: Sie müssen sich vom IT-Betreiber zum Business Enabler transformieren. Damit stehen die Anforderungen der Fachabteilungen im Vordergrund und die IT wird nicht länger als Kostenstelle betrachtet, sondern als Innovator. Die Aufgaben einer anforderungsorientierten IT sind die Analyse von Business-Anforderungen und -Strategien und die Ableitung von IT-Services daraus, die Komposition von Standarddiensten sowie die Entwicklung oder Ergänzung von spezifischen Bausteinen, um die Anforderungen der Fachbereiche zu erfüllen. Damit leistet die IT-Organisation einen Wertbeitrag zum Unternehmen und macht es innovations- und wettbewerbsfähig. Das folgende Kapitel beschreibt die Elemente, die eine anforderungsorientierte IT ausmachen, welche Faktoren für den Erfolg wichtig sind und welche Risiken bestehen.

© Springer Fachmedien Wiesbaden GmbH 2016
A. Kohne et al., *Die IT-Fabrik*, DOI 10.1007/978-3-658-15931-3_2

2.1   Mit der Zeit ändern sich auch die Anforderungen

Die digitale Transformation ist in aller Munde. Neben der klassischen IT, vom Erfolgsautor Geoffrey Moore als Systems of Records bezeichnet, finden moderne IT-Systeme, die sogenannten Systems of Engagement, immer mehr Einzug in Unternehmen (vgl. [3]). Anforderungen an eine klassische IT mit ihren ERP-Systemen, Datenbanken und Rechenzentrumsinfrastrukturen, wie beispielsweise die möglichst effiziente und zuverlässige Verarbeitung von großen Datenmengen und Transaktionen sowie möglichst stabile Releases, bleiben bestehen.

Durch die moderne IT, die ausgelegt ist auf eine personalisierte und schnelle Interaktion mit Kunden, Partnern und Mitarbeitern, die auf Smartphones und Tablets setzt, kommen neue Anforderungen hinzu, wie beispielsweise kurze Release-Zyklen, die schnelle Umsetzung von Projektanforderungen und die Nutzung von Cloud-Technologien. Weitere Treiber für die moderne IT sind Industrie 4.0 und das Internet of Things, die eine sehr große Anzahl neuer Geräte und zu verarbeitender Daten mit sich bringen. In einer modernen IT-Fabrik werden sowohl die klassischen IT-Systeme als auch die neuen, agilen IT-Systeme einheitlich gemanagt.

2.2   Anforderungen aus der Unternehmensstrategie

Einige Anforderungen an die IT-Organisation lassen sich bereits aus dem Business-Portfolio ableiten. Im Business-Portfolio werden alle Leistungen definiert, die das Unternehmen anbietet. Es besteht somit ein direkter Zusammenhang zum Geschäftszweck eines Unternehmens. Wenn das Business-Portfolio beispielsweise auch IT-gestützte Dienstleistungen umfasst, die außerhalb der Unternehmensstandorte verfügbar sind, muss auch ein mobiler IT-Arbeitsplatz im Portfolio sein. Weitere Vorgaben, die einen Einfluss auf die Anforderungen haben, sind beispielsweise Sicherheitsrichtlinien, eine Cloud-Strategie und Gesetze. Wenn die Cloud-Strategie beispielsweise vorschreibt, ausschließlich eine Private Cloud einzusetzen, können Dienste aus der Public Cloud bei der Realisierung des IT-Services nicht genutzt werden. In diesem Umfeld spielt IT-Governance eine wichtige Rolle: Sie unterstützt die Unternehmensziele und kontrolliert die Einhaltung der Unternehmensstrategie. Dies ist insbesondere dann von Bedeutung, wenn externe Anbieter IT-Services erbringen.

2.3 Erfolgskriterien einer anforderungsorientierten IT

Für IT-Organisationen wird es aus zwei Hauptgründen immer wichtiger, sich auf die Anforderungen ihrer Kunden, die Fachbereiche, und somit auf die Geschäftsziele auszurichten:

1. Aktuelle Technologien versetzen Fachabteilungen und Endanwender in die Lage, IT-Services eigenständig, beispielsweise über öffentliche Cloud-Lösungen, zu beziehen und nicht von der eigenen IT-Organisation. Der Markt bietet Cloud-Services, die schnell, einfach und unkompliziert nutzbar sind und die Anforderungen der Fachabteilungen oftmals bereits vollständig erfüllen. Moderne Cloud-Anbieter sind dabei anscheinend in der Lage, Software-Lösungen kostengünstiger zu liefern, als dies durch interne IT-Organisationen möglich ist. Wird die IT-Organisation aber nicht in den Bezug von externen Cloud-Services einbezogen, droht eine durch Fachabteilungen ausgelöste Schatten-IT.

2. Neben der Steigerung der Effizienz wird die Darstellung des Wertbeitrages der IT immer wichtiger. IT-Services, die auf Basis der Anforderungen von der Fachseite definiert wurden, sind die Grundlage für die Leistungen aus dem Business-Portfolio und somit die Unternehmensstrategie. Die IT-Organisation wird zum Business Enabler und trägt zum Geschäftszweck bei. Wenn das IT-Portfolio an den priorisierten Anforderungen des Business ausgerichtet wird, können Investitionen in die IT abhängig von den erwarteten Auswirkungen auf das Geschäft erfolgen.

Aus den genannten Punkten ist bereits erkennbar, dass eine starke Interaktion zwischen der Fachseite und der IT-Organisation erforderlich ist.

2.4 Aufgaben einer anforderungsorientierten IT

Fachabteilungen und IT-Betrieb benötigen regelmäßig neue IT-Services und Erweiterungen der bereits eingesetzten IT-Lösungen. Eine der Kernaufgaben der IT-Organisation ist es somit, neue Anforderungen zu konsolidieren und zu priorisieren. Hierbei werden die Anforderungen analysiert und geplant und die Lösung entworfen, implementiert, ausgiebig getestet und schließlich abgenommen. All dies erfolgt in der modernen IT-Fabrik schnell und mit hoher Qualität.

Sind einzelne Bestandteile (Building Blocks) einer neuen Anforderung bereits in einem Service-Katalog enthalten, kann die IT sogar noch schneller reagieren. Beispielsweise beinhalten moderne ERP-Verfahren oder Software-Suiten bereits sehr viele Funktionen und Lösungen. Vorteilhaft ist es, wenn die IT-Abteilung auch diese Möglichkeiten direkt im Produkt- und Service-Katalog aufführt.

Sind Bestandteile einer neuen Anforderung noch nicht vorhanden, werden diese Bestandteile (Building Blocks) neu definiert. Anschließend erfolgen je nach Anforderung die Beschaffung (Sourcing), Entwicklung von neuen Systemen, Konfiguration, Customizing, Integration sowie Update oder Patching bestehender Systeme.

Die Themen Building Blocks und Service-Katalog sind im Kap. 3 detailliert beschrieben.

Bei einer Neuentwicklung spielt heute die Vorgehensweise des sogenannten DevOps eine wichtige Rolle, um das Zusammenspiel von Entwicklung und späterem Betrieb von Anfang an ideal aufeinander abzustimmen. Der Begriff DevOps setzt sich zusammen aus den Begriffen Development (Entwicklung) und Operations (Betrieb) (vgl. [2]). Durch das Angleichen der bei Entwicklung und Betrieb genutzten Prozesse und Werkzeuge kann die IT-Organisation benötigte Software und Services schneller und in besserer Qualität bereitstellen. Dies zeigt abermals, wie wichtig eine starke Interaktion zwischen Fachseite, in diesem Fall Entwicklungsabteilung, und IT-Organisation ist.

Der IT-Service zur Lösung der Anforderung kann entweder durch die interne IT-Abteilung oder von einem externen Cloud-Anbieter erbracht werden, wenn dies beispielsweise schneller oder kostengünstiger realisierbar ist. Ausschlaggebend ist dabei immer, dass die IT agil bleibt und die Anforderungen von Fachabteilungen und IT-Betrieb erfüllen kann.

In Abb. 2.1 werden die Aufgaben einer anforderungsorientierten IT zusammengefasst dargestellt.

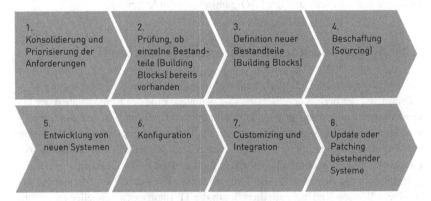

Abb. 2.1 Die Aufgaben einer anforderungsorientierten IT

Das Thema Multi-Provider-Management (Verwaltung von externen Anbietern und Integration in die eigene IT) wird im Kap. 4 beschrieben.

2.5 Schritte zur Aufnahme neuer Anforderungen

Für das Management von Anforderungen haben führende Organisationen Best Practices veröffentlicht. Dazu zählt neben zahlreichen Vorgehensweisen zur Software-Entwicklung auch das CMMI® for Services des Carnegie Mellon Software Engineering Institute (vgl. [1]). Die nachfolgend aufgeführten Voraussetzungen und Schritte zur Aufnahme neuer Anforderungen berücksichtigen diese Empfehlungen. Bevor die Schritte zur Aufnahme neuer Anforderungen durchlaufen werden, müssen folgende Voraussetzungen erfüllt sein:

- Es wurde definiert, welche Personen oder Einheiten Anforderungen an die IT-Organisation richten dürfen.
- Alle Vorgaben aus der Unternehmensstrategie und die priorisierten Geschäfts-anforderungen liegen vor. Dazu zählen beispielsweise auch Einschränkungen durch Gesetze und Verträge sowie Lieferantenlisten.
- Es muss eine offene Kommunikation zwischen dem Fachbereich und der IT-Organisation ermöglicht werden. Bei der Aufnahme der Anforderungen erfolgt eine enge Zusammenarbeit zwischen Fachbereich und IT-Organisation.

Bei der Aufnahme neuer Anforderungen sollten die nachfolgenden Schritte durchlaufen werden:

1. Im ersten Schritt werden die priorisierten Geschäftsanforderungen durch die IT-Organisation entgegengenommen. Neben funktionalen Anforderungen sind nicht-funktionale Anforderungen (beispielsweise Verfügbarkeit und Skalier-barkeit) wichtige Eigenschaften. Die nicht-funktionalen Anforderungen finden sich beispielsweise im Service-Katalog in Form von Service Levels wieder. Die Anforderung wird dokumentiert und einem gemeinsamen Review unterzogen, um Missverständnisse zu vermeiden.
2. Sobald die Anforderung vollständig erfasst wurde, erfolgt der erste Entwurf eines Services. Dabei wird zunächst geprüft, ob Teile des Services (Building Blocks) bereits im Service-Katalog enthalten sind. Fehlende Bestandteile müs-sen vor der Implementierung beispielsweise neu beschafft (Sourcing), entwi-ckelt oder angepasst werden.

Abb. 2.2 Fünf Schritte zur Aufnahme neuer Anforderungen an die IT

3. Wenn während des Entwurfs des Services Einschränkungen sichtbar werden oder hohe Kosten für bestimmte Eigenschaften des Services erkennbar werden, erfolgt eine erneute Abstimmung mit dem Ansprechpartner aus dem Fachbereich. Hohe Kosten können beispielsweise durch die spätere Wartung bestimmter Service-Komponenten entstehen. Die entsprechenden Punkte werden nach dem ersten Service-Entwurf erneut abgestimmt und dokumentiert.

4. Nachfolgend wird der Service-Entwurf anhand der geschärften Anforderung finalisiert und in einer Testumgebung instanziiert.

5. Anschließend erfolgen der Test und die Abnahme des neuen Services gemeinsam mit der Fachabteilung. Der Test basiert dabei auf der zuvor abgestimmten dokumentierten Anforderung. Dadurch wird sichergestellt, dass der Service die Anforderung erfüllt und den Geschäftszweck unterstützt. Der Service wird überarbeitet, bis ein positives Testergebnis erzielt wird. Der Test, die Abnahme und der endgültige Entwurf werden abschließend dokumentiert.

Abb. 2.2 enthält eine zusammengefasste Darstellung der zuvor beschrieben Schritte.

Die IT-Organisation trägt die Verantwortung für die Erbringung des Services. Änderungen müssen als neue Anforderungen an die IT gerichtet werden. Daraufhin wird die nächste Version des Services entworfen. Aufgrund der Verwendung von Building Blocks, als Grundlage für die Services, kann dabei ein Großteil der bisherigen Service-Elemente wiederverwendet werden. Das folgende Kap. 3 behandelt die Themen Service-Katalog und Building Blocks im Detail.

2.6 Checkliste

- Richtet sich die IT-Organisation an den Geschäftsprozessen und Anforderungen der gesamten Organisation aus?
- Tritt die IT-Organisation dem Business gegenüber als Service-Provider auf?
- Bietet die IT bereits Standarddienste, die automatisiert bereitgestellt und betrieben werden?
- Existiert eine Schatten-IT?
- Sind Cloud-Services Bestandteil der IT-Strategie?
- Werden Best Practices für die Anforderungsaufnahme berücksichtigt?

Literatur

1. Carnegie Mellon Software Engineering Institute. Cmmi® for services, version 1.3. Technical report, Carnegie Mellon University, 2010.

2. M. Loukides. *What is DevOps?* O'Reilly, 2012.

3. G. Moore. Systems of engagement and the future of enterprise it. Technical report, AIIM, 2011.

Service-Katalog und IT Building Blocks 3

Zusammenfassung

Der Service-Katalog ist die strukturierte Darstellung aller konsumierbaren Dienstleistungen einer IT-Fabrik und damit sowohl in der Innensicht als auch in der Außendarstellung zentrales Element. Für den Bestellvorgang über ein One Stop Service-Portal und zur Entscheidungsfindung bei der Weiterentwicklung von Services bieten Service-Portfolio und Service-Katalog die relevante Übersicht. Die Vision für die Gesamtarchitektur der IT wird durch die Enterprise Architecture formuliert. An dieser Stelle werden die Weichen für die Erweiterungsmöglichkeiten und zur Transformation des vorhandenen IT-Ökosystems gestellt. Dabei sind die Building Blocks als Bestandteil der Architektur die wesentlichen Bausteine zur Erweiterung und Veränderung.

3.1 Gesamtsicht und Leistungsschau

Für einen Endanwender sind die erbrachten Leistungen der IT heutzutage häufig abstrakt und in einfache Begrifflichkeiten wie Finanzbuchhaltung, E-Mail oder Dokumentenablage gegliedert. Die technologische Komplexität der erbrachten Leistungen tritt mit der zunehmenden Consumerization von IT in den Unternehmen und den gesteigerten Agilitätsanforderungen in den Hintergrund. IT-Services nach dem Baukastenprinzip zu bündeln und mit hoher Frequenz bereits standardisierte Dienstleistungen mit neuen Funktionen für das Business bereitzustellen, erhöht die Komplexität zusätzlich. Um Transparenz über den Leistungsumfang und insgesamt den Überblick für die Business-Seite sowie die IT-Abteilung zu behalten, sind Service-Portfolio und Service-Katalog zwei wesentliche Werkzeuge.

Der Einstieg in das Portfolio beginnt mit der Überlegung zum Begriff des „Services". Ausgehend von generischen Definitionen sucht jede Organisation nach der

© Springer Fachmedien Wiesbaden GmbH 2016
A. Kohne et al., *Die IT-Fabrik*, DOI 10.1007/978-3-658-15931-3_3

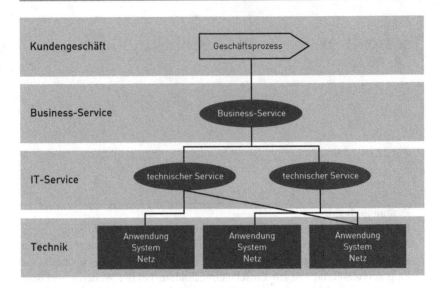

Abb. 3.1 Modellierung und Abhängigkeiten von Business-Services und IT-Services

für sie eigenen Bedeutung dieses Begriffs. Häufig können bei einer Festlegung zum gemeinsamen Begriffsverständnis aber nicht alle unterschiedlichen Sichtweisen der Beteiligten in einem Kontext vereint werden. Aus der Sicht der IT können Services einzelne serverbasierte Dienste oder Anwendungen sein. Für die Business-Seite sind die Geschäftsabläufe maßgeblich. Um hier eine Brücke zu schlagen, bietet sich zu Beginn eine Betrachtung aus der Perspektive der Business-Seite an, um darauf aufbauend einen Business-Service-Katalog zu erfassen. (vgl. [2]). Im dazu komplementären technischen Service-Katalog werden anschließend die Business-Services weiter in ihre technologischen Komponenten aufgebrochen. Bei diesem Top-Down-Ansatz wird der Mehrwert der IT für die Endanwender sehr schnell herausgearbeitet und die Wahrnehmung für die Kernprozesse des Businesses auf der IT-Seite gefördert. In Abb. 3.1 wird Ansatz grafisch dargestellt.

Ein derartig erstellter Service-Katalog enthält eine Bestandsaufnahme der aktuell lieferbaren Services und fasst damit die Leistungsfähigkeit der IT hervorragend zusammen. In Erweiterung des Katalogs stellt das Service Portfolio zusätzlich die noch im Aufbau befindlichen Services dar. Der Ausgangspunkt, einen Service in das Service-Portfolio aufzunehmen, kann abhängig vom Reifegrad der Organisation eine neue Kundenanforderung oder ein kontinuierlicher Verbesserungsprozess

sein. Es ist im Anfangsstadium bei der Verwendung eines Service-Portfolios un-
erheblich, welcher Auslöser zu einer Veränderung am Portfolio führt. Wichtiger
erscheint es, diese Veränderung bereits zu diesem frühen Zeitpunkt in einem ge-
steuerten Change Management zu behandeln. Die dort verwendeten Methoden zur
Analyse und Bewertung eines Changes unterstützen auch die Bewertung eines neu-
artigen Services, z. B. nach Mehrwert für das Business oder Auswirkungen und
Risiken seiner Verwendung in der produktiven IT-Landschaft. Daher empfiehlt es
sich, auch im Portfolio- und Katalog-Management auf den Change-Management-
Prozess zurückzugreifen.

3.2 Katalog zur vereinfachten Bestellung

Der Service-Katalog ist mit seiner Struktur der Dreh- und Angelpunkt zum Bezug
der standardisierten und automatisiert bereitgestellten Services in der IT-Fabrik.
Nach dem Vorbild der Industrialisierung lassen sich die festgelegten Services über
den in einem Portal eingebetteten Katalog komfortabel bestellen und managen
(vgl. Kap. 4).

Als Grundlage dieses für den Endanwender sehr einfachen Interaktionsmittels
mit den IT-Services benötigt der Service-Katalog eine geeignete Struktur zur Verwaltung. Neben der eigentlichen Service-Beschreibung sowohl aus Business-Sicht
als auch aus interner IT-Sicht und den relevanten Ansprechpartnern, z. B. für Betrieb oder Eskalationen, müssen Auswirkung und Priorität bei Service Ausfällen
dokumentiert werden. Ein Service im Katalog kann zusätzlich Daten z. B. zur

- Verfügbarkeit in bestimmten Lokationen,
- leistungsabhängigen oder pauschalen Verrechnung sowie
- Abhängigkeit von anderen Services

enthalten. Diese Daten gewährleisten die korrekte Informationsdarstellung der
Services im Portal und verbessern damit die Kundenakzeptanz des Portals als wesentliche Kundenschnittstelle zur IT. In der IT-Fabrik baut der Service-Katalog auf
verschiedenen Informationsquellen zur Service-Struktur auf.

Abhängig vom Reifegrad der IT-Organisation stellt ein vorhandenes Configuration Management System eine gute Grundlage für den Business- und den
technischen Service-Katalog dar. Vorhandene Configuration Items und deren Be-
ziehungen zueinander können helfen, die Abhängigkeiten der Business-Services
zur Technik zu identifizieren. Ist ein Business-Service selbst als Configuration

Item modelliert, lassen sich bei dokumentierten Abhängigkeiten die Auswirkungen durch Service-Ausfälle bereits proaktiv simulieren. Dies ermöglicht es im Service Design, potenzielle Schwachstellen aufzudecken und bei der Planung bereits zu beheben. In der Service Operation verbessern die modellierten Abhängigkeiten die Aussagefähigkeit gegenüber dem Endkunden zur Störungsursache und erleichtern die Störungsbehebung (vgl. [1]).

Zu den dokumentierten Services im Service-Katalog gehören zweifelsohne neben den technischen Abhängigkeiten die vertraglichen Abhängigkeiten, die das Service Level Management verwaltet. Erst mit einem Service Level Agreement (SLA) als Basis ist der Service für den Endanwender zuverlässig konsumierbar. Dabei geht es nicht um die Quantität der SLA-Vereinbarung z. B. bei einer Reaktionszeit für Störungen. Wichtig ist vielmehr wiederum die Dokumentation für die IT-Fabrik, um flexibel auf neue Anforderungen reagieren zu können. Zuverlässige Entscheidungen über die Neu- oder Weiterentwicklung von Services und die Wahl zwischen interner Bereitstellung oder externem Einkauf lassen sich nur auf einer soliden Aussage zur Service-Güte treffen. So kann eine Bewertung zum Service-Aufbau mit Services externer Cloud-Provider nur getroffen werden, wenn SLAs für beide Lösungsszenarien neutral verglichen werden können.

3.3 Bausteine für den Katalog

Wie der Service-Katalog die Leistungen der IT-Abteilung für das Business strukturiert, so formen Building Blocks das Ökosystem in der IT-Fabrik. Dabei erfüllen Building Blocks in den klassischen Enterprise Architecture Frameworks immer das Prinzip, das Design, die Eigenschaften und Abhängigkeiten von wiederverwendbaren Komponenten zu erfassen. Im häufig verwendeten Framework der Open Group TOGAF® (vgl. [3]) werden Building Blocks in verschiedenen Architektur-Ebenen für Informationen, Prozesse, Applikationen oder Technologien erfasst. Die Genauigkeit der erfassten Details kann dabei variieren und sich schrittweise vertiefen, wenn Building Blocks für die Erbringung von Mehrwert für das Business benötigt werden oder sich bei genauerer Betrachtung herausstellt, dass einmal festgelegte Building Blocks aufgeteilt werden müssen.

Im Rahmen der Enterprise Architecture werden Grundsätze formuliert, die bei der Umsetzung von Anforderungen berücksichtigt werden müssen. Dazu gehören z. B. eine Festlegung auf Programmiersprachen, Software-Entwicklungsmethoden oder einfache Grundsätze zum Zugriff auf Fachanwendungen. Der Einsatz eines Portals zum Zugriff auf Fachanwendungen ist ein Beispiel für ein solches Architekturprinzip. Mit vermehrten Business-Anforderungen und der zunehmenden

Beschleunigung erscheint der Einsatz eines Enterprise Architecture Framework als bürokratische und langwierige Angelegenheit. Dem gegenüber scheinen die agilen Methoden aus DevOps zu stehen, die flexibles Arbeiten und schnelle Ergebnisse vorweisen wollen. Dabei formuliert die Enterprise Architecture die Gesamtstrategie für das IT-Ökosystem über mehrere Disziplinen (z. B. Netzwerke, Programmiersprachen und den Einsatz offener Standards) hinweg. Für den Einsatz agiler Methoden bildet dies eine gemeinsame Basis für die tägliche Zusammenarbeit und zum Heben der technischen Expertise.

Aus der Sicht der IT-Fabrik hat Enterprise Architecture und der Einsatz von agilen Methoden auf zwei Aspekte wesentliche Auswirkungen. Zum einen unterliegt die Art und Weise der Service-Bereitstellung innerhalb der IT-Fabrik den Prinzipien der Enterprise Architecture. Um im Bild der Industrialisierung zu bleiben, gelten für alle Fließbänder und Herstellungsmaschinen diese Prinzipien. Übertragen bedeutet dies zum Beispiel den Einsatz von Continuous Delivery-Mechanismen zur Unterstützung der agilen Methoden. Ebenso sind Automatisierungsplattformen als Herstellungsmaschine für das Management von verteilten komplexen Services notwendig. Diese folgen dann ebenfalls den Enterprise Architecture-Prinzipien und setzen auf offene Standards.

Zum anderen sind die aus der IT-Fabrik gelieferten Services nach den gleichen Prinzipien zu designen und zu entwickeln. Einen komplexen Service für zum Beispiel Online-Portale in einem Building Block zu modellieren, ohne die Abhängigkeiten zu Web- und Applikationsservern oder den Netzwerkkomponenten zu erfassen, ermöglicht es im Anschluss nicht mehr, über den möglichen Einsatz externer Cloud-Dienste nachzudenken. Bereits beim Design des Business-Services sollten daher auf der Ebene der Software-Architektur die Schnittstellen für den Informationsaustausch vorgesehen werden. Damit lässt sich dann die Anbindung von Bezahlsystemen oder Content Delivery Networks im Falle eines Online-Portals realisieren.

Erst die Inhalte eines Enterprise Architecture Managements ermöglichen im Sinne der IT-Fabrik durch seine Modularisierung und die Wiederverwendbarkeit der Building Blocks eine Entwicklung zu einem schnellen und flexiblen Dienstleister für das Business. Mit der Kenntnis des definierten Leistungsumfangs einzelner Services lässt sich eine Option zwischen internen und externen Services im Service-Katalog realistisch bewerten. Für die flexible Erweiterung von Services ist dies Grundvoraussetzung.

3.4 Checkliste

- Welche Leistungen der IT-Organisation haben sich in der Vergangenheit als kritisch erwiesen?
- Worin liegen die aktuellen Herausforderungen in der Weiterentwicklung aufgrund der Geschäftsstrategie?
- Welche IT-Services verändern sich am schnellsten?
- Von welchen IT-Services lassen sich die Eigenschaften mit wenigen Kriterien einfach beschreiben?
- Welcher IT-Service hat die niedrigste und welcher die höchste Komplexität?
- Lassen sich Veränderungen in den IT-Services bereits heute zuverlässig steuern?
- Ist das Unternehmen bereit, IT-Services zu beenden?
- Lässt sich der Leistungsumfang der IT-Services vereinheitlichen?

Literatur

1. Rüdiger et al. Zarnekow. *Service-orientiertes IT-Management*. Springer, 2005.

2. Sharon et al. Taylor. *ITIL Service Design*. The Stationary Office, 2011.

3. The Open Group. *TOGAF® Version 9.1*. Van Haren Publishing, 2011.

Teil II
Bestellung

Portal und Multi-Provider-Management

4

Zusammenfassung

Die IT-Fabrik benötigt ein zentrales One-Stop Service-Portal gemeinsam für IT- und Non-IT-Services. In diesem Portal wird der Service-Katalog den Fachbereichen angeboten und konsumierbar gemacht. Das Multi-Provider-Management ermöglicht Velozität und Agilität bei der Service-Erstellung und Service-Bereitstellung. Es ermöglicht das Managen des komplexen Zusammenwirkens der verschiedenen Akteure in der IT-Fabrik.

4.1 Die Kundensicht auf die Services der IT-Fabrik

Fabriken sind abgeschlossene, eingezäunte Areale, deren Innenleben der Kunde nicht sehen oder betreten kann. Allenfalls bei geführten Besichtigungen kann ein Blick ins Innere geworfen werden. IT-Abteilungen sind damit vergleichbar. Im Inneren wird eine andere Terminologie verwendet, eine andere Sprache gesprochen als in den Fachbereichen. Die Prozesse zur Service-Generierung und -Bereitstellung laufen konsequent hinter den Mauern ab, wie bei den komplexen Produktionsstraßen der Autohersteller. Neben dem Demand Management zur Definition der Services ist das Bestellportal der zweite zentrale Zugangspunkt der Kunden zur IT-Fabrik. Der im vorherigen Kapitel skizzierte Service-Katalog wird dem Kunden über das Bestellportal zugänglich gemacht. Wie Autos im Showroom eines Händlers oder im Car Configurator im Internet werden über das Portal die Services der IT-Abteilung angeboten und konsumierbar gemacht.

© Springer Fachmedien Wiesbaden GmbH 2016
A. Kohne et al., *Die IT-Fabrik*, DOI 10.1007/978-3-658-15931-3_4

4.2   Das Portal: die Kundenschnittstelle

Das Portal ist die zentrale Schnittstelle zwischen Kunde und IT-Fabrik, also zwischen dem Service-Erbringer und dem Service-Konsumenten. Hier wird der definierte Service-Katalog mit rollenbasierten Zugriffsrechten in einer multiplattformlauffähigen Applikation dem Kunden bereitgestellt. Das Ziel ist ein einfacher Zugriff von überall mit beliebigen Endgeräten auf die Services, die durch den authentifizierten Kunden bestellbar sind. Dafür erwartet der Kunde einen zentralen Zugangspunkt. Die IT hat die Aufgabe, gegebenenfalls bestehende Kataloge zusammenzuführen und in einem Portal anzubieten. Insbesondere das gemeinsame Anbieten von IT- und Non-IT-Services in einem Portal kann bereits als Standard und Best Practice angesehen werden. Kunden müssen nicht erst nach dem zutreffenden Einstiegspunkt für ihre Anfrage suchen und selbst herausfinden, wo der gewünschte Service bestellt werden kann. Er hat keine Wahl, denn das One-Stop Service-Portal ist die einzige Möglichkeit. In diesem Fall ist die Einschränkung ein eindeutiger Effizienzgewinn.

- Bestellportal mit Shopping Card-Funktionalität und Nachverfolgung
- Beschwerdeportal
- Self-Service-Portal für Incidents

Diese Typen von Portalen werden aktuell in den Unternehmen neu definiert. Die konsequente Service-Orientierung der IT-Abteilungen in den letzten Jahren hat in mehreren Schritten über prozessuale, organisatorische und nicht zuletzt technische Weiterentwicklungen dafür Sorge getragen, dass eine an industrielle Fertigungsprozesse angelehnte Lieferfähigkeit für definierte Services heute in vielen Unternehmen machbar ist. Standardisierung und Automatisierung einhergehend mit hoher Datenqualität sind die Grundlagen dafür.

Es fließen Trends der neuen Systems of Engagement in die Gestaltung und funktionale sowie inhaltliche Ausprägung ein. Die Kunden sind aus dem privaten Umfeld einfache Abläufe und Funktionalitäten gewohnt und nicht zuletzt einen gehobenen Komfort bzw. eine Ausrichtung auf die Usability. Dort wo Unternehmen sich um Kunden bemühen müssen, entstehen innovative Ideen und Lösungen.

Diese gilt es in den IT-Abteilungen zu adaptieren; nicht zum Selbstzweck, sondern vielmehr aus Kostengründen. Ein Self-Service-Portal, das mit innovativen Technologien wie künstlicher Intelligenz und Big Data passgenaue Lösungen auf fehlertolerante Freitexteingaben liefert, bringt eine deutliche Reduktion des Aufwandes im Service Desk. Die freien Kapazitäten werden dringend benötigt, um die notwendige Innovation in den Services voranzutreiben. Aus Kundensicht steigt der Komfort, denn das Anliegen kann fehlertolerant in Form eines Freitextes eingegeben werden. Ein aufwendiges Ausfüllen von Formularen mit dem mühsamen Navigieren durch Menüstrukturen entfällt. Die Effizienzsteigerung ist enorm.

Insbesondere bei der Funktion „Bestellung" erwarten die Kunden heute das Leistungsangebot, dass sie aus dem privaten Umfeld kennen und schätzen. Der Online-Händler Amazon wird hier oft als Maßstab herangezogen. Gemeint sind damit im Wesentlichen folgende Funktionalitäten:

- Möglichkeit, Services bzw. Service-Ausprägungen zu kombinieren
- Möglichkeit, Bestellungen in einer Shopping Card zu bündeln
- Anzeige der Preise
- Ermittlung eines verbindlichen Lieferdatums
- Optimierte Lieferung, ggf. in Teillieferungen gesplittet
- Angebot eines Bewertungssystems
- Hohe Usability mit einer optisch ansprechenden Oberfläche

Um die im Service-Katalog angebotenen Leistungen in definierter gleichbleibend hoher Qualität liefern zu können, müssen die in diesem Buch beschriebenen Konzepte der IT-Fabrik implementiert werden. Dazu ist eine tiefe Integration sowohl prozessual als auch technisch in verschiedenste Bereiche der IT-Fabrik unerlässlich. Zuerst wird der Kunde anhand seiner Authentifizierung eindeutig identifiziert (Identity Management). Die Gruppe der damit bestellbaren Services wird ermittelt. Bei der Bestellung von komplexen IT-Services werden automatisiert verschiedene Prozesse, die in der IT-Fabrik implementiert sein müssen, konsultiert, angestoßen und Rückgabewerte verarbeitet. Zu nennen sind hier beispielsweise das Lizenz-Management (sind noch Lizenzen vorhanden oder muss eine Bestellung ausgelöst werden. Dies kann wiederum Auswirkungen auf das Lieferdatum haben) und das Capacity Management (Wo ist noch genügend Platz für die virtuelle Maschine?). Nach Lieferung geht es um das Configuration Management zur Sicherstellung der korrekten Dokumentation und Grundlage der Automatisierung (z. B. die De-Provisionierung der virtuellen Maschine nach definiertem Zeitablauf).

Kundenzufriedenheit wird immer häufiger ein vorrangiges Ziel der IT-Abteilung, das indirekt durch effizientere Mitarbeiter die Geschäftsprozesse unterstützt. Dabei werden vermehrt Konzepte oder Quasi-Standards aus dem privaten Erfahrungsumfeld der Kunden auf die Umsetzung der Kunden-IT-Schnittstelle in Unternehmen übertragen. Gefordert wird eine optisch und ergonomisch ansprechende Oberfläche mit einem responsive Design. Das responsive Design ermöglicht die komfortable Nutzung des Portals auf verschiedenen Endgeräten wie beispielsweise mobiles Telefon, Tablet oder Laptop. Bewertungssysteme helfen dem Kunden bei der Einschätzung von Antworten im Self-Service-Bereich. Social Collaboration vernetzt die Mitarbeiter, ermöglicht eine direkte Kommunikation und nutzt über die Connected Intelligence Effizienzpotenziale durch das Nutzen und Verknüpfen des Wissens aller Beteiligten. Der Wandel in der Art, IT-Services zu konsumieren, ist deutlich sichtbar und es ist unverzichtbar für die IT Fabriken, hier einen smarten Einstiegspunkt zu liefern.

Die über das Portal bestellbaren Services – IT und Non-IT – stellen zu einem großen Teil komplexe Gebilde dar. Häufig werden sie aus mehreren Services oder Sub-Services zusammengestellt. Das Service Brokering wird somit Hauptaufgabe der IT-Abteilung.

4.3   Das Multi-Provider-Management: Service Brokering

Im vorangegangen Abschnitt wurde die Erwartungshaltung der Kunden aber auch der Nutzen eines zentralen Zugangspunktes zu den Leistungen der IT-Fabrik beschrieben. Ein entscheidender Punkt ist noch nicht erwähnt: die notwendige Velozität.

Consumerization ist das Stichwort. Mit den heutigen Smartphones und Tablets können über die entsprechenden App Stores eine große Vielfalt an Services schnell und einfach per Fingertipp bestellt und innerhalb kürzester Zeit konsumiert werden.

Zur Vermeidung von Schatten-IT und um die Kontrolle über die Auswahl und Nutzung sowie die Kosten der IT-Services zu erhalten, müssen die IT-Services der IT-Fabrik ebenso schnell bereitgestellt werden können. Diese Geschwindigkeit ist ohne externe Unterstützung in einem vertretbaren Kostenrahmen nicht mehr möglich. Das saisonbedingte Hochfahren von Rechnerkapazität oder Storage in vielen Branchen ist ein Beispiel. Zusätzlich muss für jeden Service oder Teilservice eine Kostenbetrachtung erfolgen. Vielfach sind externe Services, also Cloud-Dienste, günstiger als die interne Service-Erstellung und der interne Service-Betrieb.

Schon immer stand die IT-Abteilung mit externen Providern in Beziehung. So werden z. B. Hardware und Standard-Software oder Mobilfunkkarten meist nicht selbst hergestellt, sondern bei externen Providern bestellt und in die eigenen Services eingebunden. Die Komplexität des Systems hat in den vergangenen Jahren nach einigen Out- und Insourcing-Wellen mit der Etablierung von Cloud-Services

Abb. 4.1 Die IT-Organisation kombiniert als Service-Broker die unterschiedlichen Service-Elemente und bietet diese den Endanwendern in einem Service-Katalog an

extrem zugenommen. Zudem sind einige Cloud-Dienste mittlerweile als Standard- und Best Practice-Lösung anzusehen. In dieser neuen Konstellation bekommt die IT-Abteilung die Funktion eines Service Brokers, der die Fachabteilungen mit Services versorgt. Dieser Sachverhalt wird in Abb. 4.1 grafisch dargestellt.

Der Aufbau von Services aus Teil-, Sub- und Mikroservices unterschiedlicher externer und interner Provider erfordert ein holistisches Management dieses Systems. Im Aufgabenspektrum des Service Brokers ist das Multi-Provider-Management ein zentraler Punkt. Es muss eine Verbindung zwischen den meistens noch notwendigen Systems of Records und den neuen Systems of Engagement herstellen. Das alles dient der verbesserten Customer Experience: schnell konsumierbare, kostengünstige Services, bestellbar als End-to-End-Service ist die Anforderung.

In diesem agilen Umfeld bietet das Multi-Provider-Management die Basis für die funktionale und kostenmäßige Kontrolle über die Services. Nachfolgend werden die Schlüsselaspekte des Multi-Provider-Managements erläutert.

Die Auswahl der Provider und die Komposition der Services aus den externen Angeboten hängen im Wesentlichen von folgenden Faktoren ab:

• Finanzielle Faktoren
• Funktionale Faktoren
• Ortsabhängige Faktoren
• Organisationsabhängige Faktoren

Zu allererst wird immer eine Kosten-/Nutzenbetrachtung stehen und zu einer ersten Selektion führen. Des Weiteren können zwei Provider den gleichen Service liefern (Webserver, Datenbank etc.). Abhängig von den funktionalen Anforderungen des Einsatzszenarios, wie z. B. Schnittstellen oder Kompatibilitäten, wird der passende Provider gewählt. In multinationalen Unternehmen sind ortsabhängige Faktoren, beispielsweise bei der Bestellung einer SIM-Karte die jeweiligen lokalen Mobilfunk-Provider, zu berücksichtigen. Bestimmte Services können fachbereichs- oder rollenbezogen definiert sein, sodass unterschiedliche Provider die gleichen Services in unterschiedlichen Abteilungen anbieten. Das kann aus Kostengründen, z. B. durch eine Premiumausprägung, die nur ein bestimmter Provider liefern kann, durch gewachsene Strukturen oder durch Übergansumgebungen im Fall von Merger & Akquisition, notwendig sein.

Damit wird bereits deutlich, dass der Service-Katalog das Fundament des Multi-Provider-Managements ist. Hier werden die Services für bestimmte funktionale Anforderungen, Regionen oder Fachbereiche freigegeben. An das Provider-Management sind also einige Anforderungen zu stellen, die am Beispiel eines Smartphones mit SIM-Karte deutlich werden: Je nach Land, Hierarchiestufe oder Rolle im Unternehmen stehen verschiedene Angebote verschiedener Dienstleister zur Verfügung. Ein Multi-Provider-Management muss zunächst also in der Lage sein, dem Besteller über das oben beschriebene One-Stop Service-Portal den geeigneten Provider für Mobilfunk und Endgerät anzubieten. Zudem müssen gegebenenfalls passende, optionale Komponenten vorgeschlagen werden, etwa eine zu dem Endgerät passende Speicherkarte. Im Anschluss sollte die Bestellung automatisch an die zugewiesenen Provider geschickt und die Auslieferung überwacht werden. Eine Rückmeldung an den Kunden mit ID zur Verfolgung der Lieferung und Nennung des Lieferdatums bildet den nächsten Schritt. Dem Kunden ist dabei nicht transparent, wie viele Provider (mindestens der Telefonhersteller und der Mobilfunkanbieter) beteiligt sind. Das Multi-Provider-Management sorgt für die Orchestrierung der einzelnen Service-Komponenten. Dieser Prozess wird in Abb. 4.2 grafisch dargestellt.

Das Monitoring der vereinbarten Service Level im täglichen Service-Betrieb ist von hoher Bedeutung. Damit das komplexe Zusammenspiel der Service-Komponenten verschiedener Service-Provider in sogenannten Service-Ketten für den Nutzer ohne qualitative Beeinträchtigungen funktioniert, muss ein geeignetes Monitoring implementiert werden. Im Bereich der Systems of Engagement ist das Application Performance Monitoring unverzichtbar. Zum einen wird damit die Kundenzufriedenheit hochgehalten. Zum anderen können aber auch Charge Backs bei Verletzung der vereinbarten Service-Qualität bei den betroffenen Providern gelten gemacht werden.

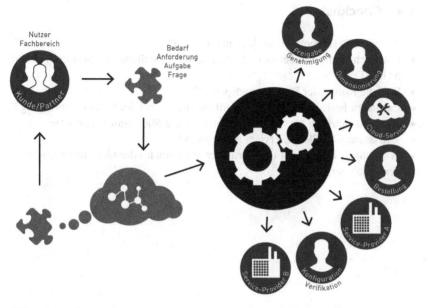

Abb. 4.2 Die Service-basierte Wertschöpfung beim Multi-Provider-Management

Das Multi-Provider-Management unterstützt die Ausrichtung der IT-Abteilung auf das Service Brokering und liefert damit den Mehrwert für die Fachabteilungen, die schnell auf kostenoptimale Services zugreifen können.

Eine als Service Broker aufgestellte IT-Abteilung, die nach den Prinzipien einer IT-Fabrik organisiert ist, bietet dem Business Velozität, Agilität und Qualität zu optimierten Kosten in der Service-Bereitstellung und im -Betrieb. Sie stellt den Fachabteilungen den Service-Katalog über ein One-Stop Service-Portal bereit und lenkt und überwacht holistisch das Zusammenwirken der verschiedenen Provider der Services.

4.4   Checkliste

- Wie viele Bestellportale hat das Unternehmen?
- Wie hoch ist die Kundenzufriedenheit bei der Bestellung von Services (IT und NON-IT)?
- Sind die Kosten der Services transparent?
- Existieren Ende-zu-Ende Verantwortlichkeiten es bei der Service-Erbringung?
- Wie lässt sich eine Service-Integration über alle Silos hinweg realisieren?
- Wie lassen sich Cloud-Services agil steuern?
- Wie schnell lassen sich neue Provider aufnehmen oder nicht mehr benötigte herausnehmen?

Teil III
Incident

Betrieb und Configuration Management Database

5

Zusammenfassung

Eine zentrale und konsistente Übersicht über den aktuellen Zustand der gesamten IT-Umgebung ist für einen reibungslosen Betrieb unumgänglich. Eine CMDB (Configuration Management Database) ist dafür das Mittel der Wahl. Die CMDB hilft einen stets aktuellen Überblick über alle IT-Systeme und die darauf betriebenen Services zu haben. Weiterhin bildet sie die Grundlage für die nachgelagerten Automatisierungs- und Orchestrierungswerkzeuge, die auf Basis der zur Verfügung gestellten Daten arbeiten. Für eine optimale Zusammenarbeit aller Komponenten ist eine hohe Datenqualität von höchster Priorität. Im folgenden Kapitel wird beschrieben, wie Sie die richtigen Werkzeuge für Ihren Betrieb wählen und auch in komplexen und sehr dynamischen Umgebungen eine hohe Datenqualität sicherstellen.

Eine Silo-übergreifende Prozessgestaltung in der IT-Organisation automatisiert den Betrieb im Rechenzentrum. Drei Dinge sollten beim Betrieb im Rechenzentrum auf der Agenda stehen: IT-Services schnell erstellen bzw. verändern, ihre Kosten verringern und die Kontrolle über die IT behalten.

Inzwischen gibt es Methoden und Werkzeuge, um auch im Rechenzentrum eine industrielle Arbeitsweise zu realisieren. Das heißt, um neue Services auf Basis bestehender Architekturen schnell zu realisieren sowie vorhandene IT-Dienste nachhaltig zu verändern, muss die IT eine detaillierte Sicht auf alle Bestandteile (Building Blocks) der Prozesskette haben. Auch in Bezug auf die Kostenanalyse ist die IT häufig nicht optimal aufgestellt. Vor allem die Ermittlung der tatsächlichen IT-Kosten – also die anfallenden Nutzungskosten und nicht nur die reinen Anschaffungskosten – ist kein einfaches Unterfangen. So werden IT-Systeme sicherheitshalber überdimensioniert, um für alle Fälle ausreichend IT-Ressourcen

© Springer Fachmedien Wiesbaden GmbH 2016

A. Kohne et al., *Die IT-Fabrik*, DOI 10.1007/978-3-658-15931-3_5

anbieten zu können. Der IT-Organisation fehlt jedoch zumeist eine Sicht auf die wirkliche Nutzung und Auslastung der Systeme.

Um IT-Services industriell fertigen zu können, sind einige zentrale Handlungs-felder notwendig. Hierzu gehören ein Service-Katalog, eine hohe Datenqualität, ein dynamisches Change-Management sowie Automatisierung, Orchestrierung und ein End-to-End-Service-Monitoring.

Mit dieser Vorgehensweise schaffen Organisationen die Basis für ihre IT-Fabrik. Dabei stellt sich die Frage, wie die IT-Fabrik umgesetzt werden kann. Unternehmen können Services selbst produzieren oder als Cloud-Services ex-tern beziehen, beispielsweise als Software as a Service (SaaS), Infrastructure as a Service (IaaS) oder integrierbare Komponenten. Vor allem bei zugekauften Service-Bestandteilen erweist sich die IT-Kontrolle häufig als Herausforderung. Erst wenn bekannt ist, wie sich ein komplexer Service im Detail zusammensetzt, lassen sich Teile davon fremd fertigen. Somit ist ein wesentlicher Schritt zur Au-tomatisierung des Betriebes, die Kenntnis über den Aufbau des Services und seine Automatisierungsmöglichkeiten.

5.1 Betrieb

Das richtige Werkzeug auswählen

Bei der Auswahl geeigneter Werkzeuge sind die IT-Service-Management-Suite und die ihr zugedachte Automationslogik entscheidend. Im Idealfall sollte die Automatisierungslogik bereits im IT-Service-Management starten – also dort, wo Changes entworfen werden und Daten aus einer CMDB gelesen werden können.

Bei allen Disziplinen des IT-Service-Managements muss eine durchgängige Weitergabe von Informationen und Daten erzielt werden. Beispielsweise muss be-kannt sein, wie Informationen orchestriert und im Automatisierungsverlauf wei-tergegeben werden. Wichtig ist, dass alle Komponenten und Prozesse harmonisch zusammenarbeiten, damit keine weiteren Integrationskosten anfallen. Die Suiten der großen Hersteller bieten hier klare Vorteile.

Service Lifecycle Management geht des Weiteren davon aus, dass wiederkeh-rende Automationsverfahren für bestimmte Prozesse eingesetzt werden. So ließe sich beispielsweise ein Windows-Security-Patch immer nach den gleichen Regeln aufsetzen und nur die darauf laufenden Schnittstellen werden Tool-spezifisch be-dient. Es bietet sich an, einen idealtypischen Best Practice-Prozess zu entwerfen, der durchgängig alle Prozess-Schritte von der Bestellung eines Services durch den Anwender über das Initiieren und Verändern des Services bis hin zum Ausführen im Rechenzentrum anzeigt.

Maschinenlesbares Betriebshandbuch

Des Weiteren sollte die Forderung bestehen, ein maschinenlesbares Betriebshandbuch zu verwenden. Hier ist definiert, welche Schritte zum Erstellen oder Verändern eines Services notwendig sind und welche Aktionen die Rechner, Applikationen und Automations-Engines ausführen müssen. Ein Service Description Repository liefert dem Change Manager dynamisch alle diese Informationen. So erkennt er, in welcher Reihenfolge welche Prozess-Schritte ablaufen und welche Automatismen der Orchestrierer in welchen Werkzeugen anstößt. Die Orchestrierung sorgt dafür, Informationen richtig anzureichern und aus der Prozess-Sicht heraus die passenden Skripting-Engines anzustoßen. Hierzu ziehen die Skripting-Engines und Automaten die benötigten Informationen eigenständig aus den passenden Datentöpfen.

Hier ist die Empfehlung, am Beispiel eines spezifischen Services das Vorgehen zu testen und diesen einen Service durchgängig in seine Bestandteile (Building Blocks) zu zerlegen und zu beschreiben, um die Genauigkeit, die Praktikabilität dieses Vorgehens und die Qualität zu einem späteren Zeitpunkt auf weitere Services anzuwenden, die auch nach dieser Art und Weise industriell gefertigt werden sollen. So lässt sich das Ziel einer IT-Fabrik erreichen.

5.2 Configuration Management Database (CMDB)

In Abhängigkeit eines automatisierten Betriebes ist die Ausprägung einer Configuration Management Database (CMDB) die Basis jeglicher Informationen, die über die Bestandteile eines Services bekannt sein sollten. Somit wird dieses Datenkonstrukt zur wesentlichen Datendrescheibe. Eine CMDB als technologische Datenbasis sollte im Idealfall in der Idee eines Configuration Management Systems (CMS) aufgehen, da es die Gesamtbetrachtung unter dem Mantel eines CMS zulässt, mehrere Datenbasen entsprechend einer CMDB zusammenzuführen.

Das CMS steht im Mittelpunkt des IT-Service-Managements. Die Lösung erfüllt die zentrale Aufgabe, umfassend Auskunft über die eingesetzten IT Komponenten sowie den aktuellen Konfigurationsstand der Configuration Items (CIs) zu geben. Da es den IT-Abteilungen häufig gar nicht an den notwendigen Daten fehlt, ist eine wesentliche Herausforderung beim Zugriff auf eine CMDB, verlässliche und vollständige Informationen zum richtigen Zeitpunkt zu erhalten.

Umfassende Details zu den IT-Komponenten sind beispielsweise notwendig, wenn Updates, Patches oder komplett neue Anwendungen unternehmensweit zu installieren sind. Eine Software lässt sich jedoch nur dann automatisiert verteilen, wenn alle Zielsysteme bekannt und erreichbar sind. Auch für Hardware-Roll-

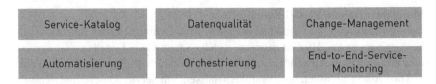

Abb. 5.1 Sechs Handlungsfelder im Umfeld einer CMDB

Outs ist die genaue Kenntnis der Infrastruktur entscheidend, denn so können IT-Mitarbeiter sofort nachvollziehen, wo sich welche Geräte befinden. Die Erfolgsrate von Änderungen (Changes) steigt signifikant, wenn sich der Status bestehender Systemumgebungen ohne zusätzliche Analyse prüfen lässt. Das Planen und Einschätzen von Änderungen hinsichtlich ihres Risikos, gerade auch in der heutigen Zeit bezüglich Security und Compliance, erfordert fehlerfrei registrierte Versionen und gegebenenfalls einen Zugriff auf benötigte Updates in einem Software-Repository. Korrekte Lizenzverwendung, eine schnelle Bewertung und Behebung von Störungen sowie eine bessere wirtschaftliche und technische Infrastrukturplanung sind positive Effekte, zu denen eine CMDB bzw. ein CMS beitragen. Eine wesentliche Herausforderung hinsichtlich dieser genannten Ansprüche an eine CMDB liegen in den heutigen hybriden Betriebsmodellen, die auf den Zukauf von Services in den verschieden Cloud Modellen basieren. Hierzu lesen Sie unten mehr im Abschnitt Qualitätszonen.

In Abb. 5.1 werden die wichtigsten Handlungsfelder zum Thema CMDB zusammengefasst.

Als System verknüpft das CMS bestehende Datenbestände (CMDBs) oder auch weitere Datenquellen und konsolidiert diese Dateninseln. Dies macht den Informationsbestand belegbar und gewährleistet eine dauerhaft hohe Qualität.

Modellierung des CMS oder der CMDB

Sinnvoll ist es, das CMS serviceorientiert zu strukturieren. Das heißt, die oberste Ebene bildet die Services ab, die den Geschäftsprozessen zugeordnet sind. Die nachfolgenden Ebenen betrachten die Applikationen und Infrastrukturdienste bis zu den einzelnen technischen (physikalischen) Komponenten mit ihren Konfigurationsdetails. Im Idealfall bildet ein CMS oder die technische Ausprägung CMDB alle Bestandteile des Services ab. Dies bedeutet aber auch, dass die Modellierung zwar vom Geschäftsprozess bzw. dem Service ausgeht, aber auch tief in das Rechenzentrum gehen sollte.

Das Data Center Infrastructure Management (DCIM) als die wesentliche Disziplin zum Betreiben der physikalischen Begebenheiten im Rechenzentrum, wie z. B. Verkabelung, Energieverbrauch, Stellplatzmanagement von Racks, physikalische Sicherheit usw. sollte im Idealfall mit in das Konstrukt einer CMDB als Produkt oder dann auch als CMS als Logische Klammer einfließen.

So lässt sich beispielsweise leichter bestimmen, ob ein Komponentenausfall im Data Center und oder beim darin laufenden Service für das Geschäft relevant ist oder inwiefern IT-Services finanziell zu verrechnen sind.

Datenqualität

Die Konfigurationsdaten auf Dauer manuell zu erheben und zu pflegen, ist unwirtschaftlich und mitunter gar nicht möglich. Daher sollten Unternehmen ein oder auch mehrere automatische Discovery-Tools, die wiederum evtl. spezielle Bereiche abdecken, zur Identifizierung einzelner Komponenten im Netzwerk dort verwenden, wo die passende Technologie zur Verfügung steht, um die Datenqualität möglichst hochzuhalten. Da nicht auf jeder Service-Ebene eine automatische Erkennung möglich ist, z. B. dort wo physikalische Komponenten nicht automatisiert erkannt werden können, ist die Einbindung in qualitative Prozesse wie das Change-Management elementar. Ansonsten könnte bei einer manuellen Änderung durch eine Person evtl. die Dokumentation vernachlässigt werden.

Schnittstellen zu anderen Management-Prozessen steuern beispielsweise kaufmännisch relevante Daten bei. Somit kommen sehr viele Informationen zusammen, die häufig sehr speziellen Zwecken dienen. Ein Erfolgsfaktor für die CMS-Einführung besteht darin, sich auf einen Kern von einheitlichen Daten zu beschränken und die differenzierte Datensammlung in eigenverantwortlichen Quellsystemen zu belassen. In Abb. 5.2 werden die Einflüsse für eine gute Datenqualität in einer CMDB grafisch dargestellt.

Aktualität und Konsistenz der Daten sicherstellen

Das CMS integriert Informationen über die IT-Infrastruktur und ihre Komponenten aus unterschiedlichen Quellen. Es ist aber praktisch kaum möglich, eine einzige Datenbank aufzubauen, die alle inhaltlichen Anforderungen abdeckt und in einer Verantwortung kontinuierlich pflegt. Daher sollten die bestehenden Quellsysteme erhalten bleiben und weiterhin aktuelle Daten für das CMS liefern. Der Zugriff darauf erfolgt beispielsweise über ein Portal oder ein Datawarehouse. Als Architekturansatz ist das Konzept eines HUB and SPOKES praktikabel. Hierbei greift das CMS als HUB auf datenstrukturell gleichartige autonome Datenquellen (CMDBs) zu, deren Dateninhalte wiederum nur Subsets an Informationen an den HUB liefern. Somit entsteht ein Konstrukt von Daten, wobei der HUB (das CMS)

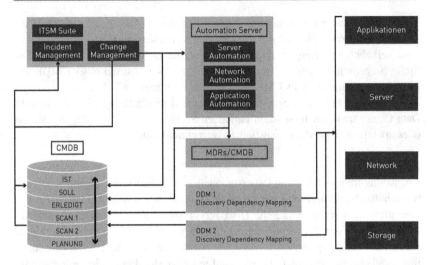

Abb. 5.2 Die Datenqualität der CMDB

alle Informationen von den SPOKES (CMDBs) kennt, diese aber nicht vollständig in seiner Datenhaltung beinhaltet. Nur der SPOKE beinhaltet die Daten vollständig in seinem System.

Qualitätszonen
Die Qualität der Informationen im CMS hängt daher zum einen von der Qualität der Quellen ab, zum anderen von der Integration in das CMS. Unabdingbar ist ein zentrales Datenmodell, eine präzise Definition von Metadaten und ein solides Stammdaten-Management. Weitere funktionale Anforderungen sind eine regelmäßige Datensynchronisierung, wobei es hier sehr wichtig ist, nur ein Subset an Informationen zu synchronisieren, da sonst die Datenmengen zu groß werden und vor lauter Synchronisation keine Aktualität der Daten mehr gegeben ist.

Ein weiterer wichtiger Bestandteil ist ein gut abgestimmter Datenabgleich (Reconciliation) innerhalb der CMDB. Im Idealfall kann das eingesetzte Produkt (Datenbank) mehrere unterschiedliche Versionen des Zustandes eines CIs dokumentieren. Dies ist ein Beispiel für die Anzahl verschiedener Datasets innerhalb einer CMDB:

- Aktueller Zustand
- Vergangener Zustand, Historie des CIs

- Zukünftiger Zustand, Planung
- Erkannter Zustand Discovery 1
- Erkannter Zustand Discovery 2
- ...
- Zurückgelieferte Information von Automatisierungswerkzeug 1
- Zurückgelieferte Information von Automatisierungswerkzeug 2
- ...

Durch diese unterschiedlichen Informationen und den späteren Abgleich dieser innerhalb der CMDB kann die Datenqualität erheblich erhöht werden. Des Weiteren kann auch direkt geprüft werden, ob die unterschiedlichen Datenlieferanten (z. B. Discovery oder Automatisierungswerkzeug) präzise und korrekte Informationen in die CMDB liefern. Der anschließende Reconciliation-Lauf innerhalb der CMDB erkennt die Unstimmigkeiten und kann direkt ein Incident-Ticket aufmachen.

Somit dient dieses Vorgehen einer möglichst hohen Datenqualität, die wiederum für einen automatischen Betrieb im Sinne einer IT-Fabrik notwendig ist.

Das CMS oder auch die CMDB ist der zentrale Bestandteil eines jeden Service-Management-Prozesses und somit auch des Betriebes. Wie bei jedem Prozess bestimmen die Datenqualität und ihre Konsistenz den weiteren Prozessverlauf und die Möglichkeit, mit den vorhanden Daten auch Automatisierungen im Data Center aus einer CMDB anzustoßen. Bei sehr dynamischen Daten- und CI-Strukturen sollte die automatisierte Pflege dieser Daten im Vordergrund stehen. An den Stellen, an denen die Dynamik der Veränderung und ihrer möglichen Pflege zuvorkommt, sollten besondere Qualitätszonen eingezogen werden, die den Besonderheiten der Anforderung folgen. Gerade bei sehr dynamischen virtuellen Strukturen, die aufgrund ihrer Besonderheiten nur eine sehr kurze Lebensdauer aufweisen, z. B. Microservices, kann es sein, dass ihre Dokumentation zu lange dauert. Damit aber die „klassischen" Services nicht gleichermaßen behandelt werden müsse, sind hier unterschiedliche Zonen sinnvoll.

5.3   Checkliste

- Wie hoch ist die Veränderungsquote auf den einzelnen Service-Ebenen?
- Lassen sich neue Services auch nach neuesten technologischen Möglichkeiten managen (Vollautomatisierung)?
- Wie lässt sich die Qualität konstant hoch halten?
- Wie lassen sich einzelne Qualitätszonen für einen Neustart identifizieren?
- Sind Cloud-Services vergleichbar zu managen wie Inhouse-Services?
- Lassen sich die Werkzeuge für das IT-Service-Management und die Configuration Management Database in den unterschiedlichen Zonen miteinander verbinden?
- Wie lassen sich durchgängig automatisierte Prozesse schnellmöglich auf neue Services anwenden?
- Erfüllt auch ein über mehrere Jahre entstandenes IT-Service-Management-Werkzeug aktuelle Anforderungen an neue Services und Automatisierung?

Shift left

6

Zusammenfassung

Das Konzept der IT-Fabrik wird von vielen IT-Abteilungen bereits umgesetzt. Für die Lieferkette neuer Services ist die IT-Fabrik unabdingbar, aber der Betrieb von IT ist eher vergleichbar mit Dienstleistern. Die wichtigste Ressource ist hier nicht die Automatisierungsstraße, sondern das Fachwissen der IT-Experten. Natürlich helfen automatisierte Fehlerbehebungsprozesse dabei, immer wiederkehrende Probleme schnell und sicher zu beheben. Darüber hinaus unterstützen automatisierte Prozesse für den Systemstart bei fehlerfreien Wiederanlaufverfahren. Dennoch treten gerade im Betrieb, in der Fehlerbehebung und bei Änderungen immer wieder Situationen auf, für deren Behebung Wissen und Erfahrung notwendig sind. Es liegt auf der Hand, dass sich IT-Probleme deutlich schneller lösen lassen, wenn das benötigte Fachwissen jederzeit und überall zugänglich ist. Das heißt, sowohl am Arbeitsplatz des IT-Mitarbeiters als auch bei Kunden oder Kollegen. Diese Ausweitung bei der Problemlösung und der Wissensbehandlung wird auch als „Shift left" bezeichnet, wenn wir uns die Kette der Experten von rechts nach links vorstellen. Hierbei unterstützen moderne Big Data-Technologien, die das IT-Management und den automatisierten IT-Betrieb weiter verbessern.

6.1 Die Plattformstrategie der IT

In der IT sind derzeit noch viele manufakturähnliche, oft manuelle Betriebsmodelle gang und gebe. Dennoch ist der vollautomatisierte und damit schnelle und fehlerfreie IT-Betrieb das erklärte Ziel beinahe aller IT-Manager. Die Anforderungen aus den Fachabteilungen, also aus dem Kern-Business, benötigen immer mehr IT-Unterstützung. Sie benötigen sie immer schneller, um mit der Konkurrenz und

© Springer Fachmedien Wiesbaden GmbH 2016
A. Kohne et al., *Die IT-Fabrik*, DOI 10.1007/978-3-658-15931-3_6

den wandelnden Kundenbedürfnissen mithalten zu können und sie benötigen sie vor allem fehlerfrei und hochverfügbar.

Als Vorbild für die IT muss häufig die Produktionsindustrie, gerne die Automobilindustrie, herhalten. Beinahe jeder hat schon einmal ein Auto bestellt und weiß über die voll automatisierten Roboterstraßen der Autoindustrie zumindest theoretisch Bescheid. Der Weg in die IT-Fabrik von morgen führt also über die Automatisierung und damit vor allem über die Standardisierung von IT-Prozessen und -Technologien.

Damit eine Standardisierung aber nicht in immer gleichen Services enden muss und die Vielfalt an Service-Variationen, die das Kern-Business benötigt, erhalten bleiben kann, muss auch die IT eine Art Plattformstrategie nutzen, die Service-Bestandteile und Module in neuer Anordnung zu neuen Services werden lässt.

„Sie können das T-Modell in jeder Farbe bestellen, Hauptsache sie ist schwarz.", ist ein viel zitierter Ausspruch des Erfinders der Fließbandproduktion Henry Ford. Solche klar definierten Standards kann sich heute aber weder die produzierende Industrie noch die IT-Abteilung leisten. Die produzierende Industrie hat eine Strategie entwickelt, in der standardisierte Plattformen mit verschiedenen Komponenten und Anbauteilen zu neuen Produkten werden. Das geht schnell und spart vor allem Entwicklungskosten. Diese Plattformstrategie der Produktionsindustrie gibt es in der IT ebenso. Dort heißt sie Service-orientierte Architektur (SOA) und bietet mittels standardisierter Technologiebausteine und darauf aufbauender Service-Komponenten, die beliebig kombinierbar und wieder verwendbar sein können, die Option, vielfältige Anforderungen des Business schnell und einfach zur Verfügung zu stellen. Auch in der IT können so Entwicklungskosten und Entwicklungszeit, Testaufwand, Schulungen und Dokumentation verringert werden.

Für die Etablierung neuer IT-Services ist die IT-Fabrik und damit die Automatisierung und sinnvoll genutzte Standardisierung von IT-Service-Komponenten offenbar der richtige und vor allem schnellere Weg. Für die Qualität in der Phase der Service-Bereitstellung sorgen die Standardisierung entsprechender Service-Module und die klar definierten Prozesse im Ablauf der IT-Fabrik.

6.2 Sicherstellung der Service-Qualität auch im Betrieb

Es bleibt die Frage, wie im weiteren Verlauf, also in der Phase des Service-Betriebs, die Qualität sichergestellt werden kann. Beim Auto und jedem anderen komplexeren Produkt übernehmen Werkstätten die Wartung und Reparatur, damit die Nutzungsqualität nicht abnimmt. In der IT muss der Service Desk und die nachgelagerten 2nd und 3rd Level-Instanzen diese Aufgabe übernehmen.

Wie die Werkstätten sind auch Service Desk und Betriebsteams nicht so einfach in das Korsett einer Fabrik einzupassen. Standardisierung und Automatisierung kann in diesem Umfeld nur für einfache, immer wieder kehrende Aufgaben ein sinnvoller Weg sein. Natürlich helfen automatisierte Fehlerbehebungsprozesse bei immer wiederkehrenden Problemen schneller und zielsicherer. Natürlich unterstützen automatisierte Systemstartprozesse fehlerfreie Wiederanlaufverfahren. Dennoch treten gerade im Betrieb, in der Fehlerbehebung und bei Änderungen immer wieder Aspekte auf, die man analysieren muss und für deren Behebung Wissen und Erfahrung notwendig sind. So ist die wichtigste Ressource im Betrieb nicht die Automatisierungsstraße sondern das Wissen.

Wissen, zumindest das von IT-Experten, ist extrem teuer. Das ist der wichtigste Grund, warum viele Aktivitäten von den 2nd und 3rd Level IT-Experten zu den Service Desk-Mitarbeitern verlagert werden. Die Arbeit wird „nach links" verlagert, wenn man sich die Expertenkette von links nach rechts vorstellt. Breit ausgebildete Service Desk-Mitarbeiter als 1st Level, dann spezifischer ausgebildete 2nd Level Mitarbeiter mit solidem technischen Wissen und schließlich die 3rd Level-Experten, die sich um ganz spezifische Teilaspekte mit hoher Kompetenz und sehr breitem Wissen in diesem speziellem Themenbereich kümmern. Präzise standardisierte Anweisungen für den Service Desk und die beschriebenen Automatisierungen, wie automatisierte Wiederanlaufverfahren oder Backup-Prozesse auf Knopfdruck, helfen bei diesem „Shift left". Die sich somit verschiebende Lösungskompetenz wird in Abb. 6.1 grafisch dargestellt.

Aber es gibt auch Kräfte, die gegen diese Strategie arbeiten. Ausgerechnet die oben beschriebene IT-Fabrik macht dem Betrieb das Leben schwer. Immer schneller ausgerollte Services, immer neu entwickelte und den Business-Anforderungen angepasste Services bringen eine neue Komplexität in zunehmender Geschwindigkeit. Da kann das neu benötigte Wissen gar nicht so schnell aufgenommen werden und schon gar nicht niedergeschrieben, redaktionell überarbeitet und übersichtlich zur Verfügung gestellt werden. So bleibt das meiste Know-how doch in den Köpfen der hochbezahlten Spezialisten und wird nicht an den Service Desk weiter gereicht. Neben den viel schneller ausgerollten neuen Services trägt auch der Trend zu mobilen Geräten wie Tablets und Smartphones zur neuen Komplexität bei. Als „Bring your own Device" bekannt, dürfen Mitarbeiter ihre Smartphones und Minicomputer im Firmennetz verwenden und IT-Services wie E-Mail und Dateiablagen damit benutzen (vgl. [1]).

Natürlich wird auch diesbezüglich Wissen beim Service Desk erwartet. Konkrete Fragen zur Nutzung wie z. B. „Wie aktiviere ich mein E-Mail-Postfach auf dem Smartphone?" bis zu ernsthaften, das Business bedrohenden Sicherheitsaspekten stecken das Spektrum ab. Hinzu kommt, dass der Betrieb nicht nur

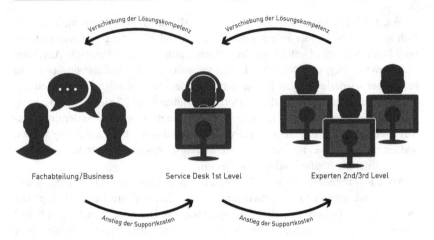

Abb. 6.1 Die Lösungskompetenz und der Anstieg der Kosten im Service Desk hängen unmittelbar zusammen

mit weiteren Software- und Hardware-Komponenten, sondern mit vielen Betriebssystemen in unterschiedlichsten Versionen und Ständen und verschiedensten Hardware-Systemen konfrontiert ist. So scheint der Betrieb und die Verfügbarkeit des Wissens die IT-Fabrik auszubremsen.

6.3 Bereitstellung von benötigtem Wissen für den IT-Betrieb

Um mit der IT-Fabrik und der immer schneller wachsenden Komplexität mithalten zu können, muss Wissen schneller verfügbar und leichter abrufbar sein. Gerade der Trend zu Smartphones und mobilen Arbeitsgeräten in der IT bringt einen hilfreichen Ansatz mit (vgl. [1]). Die meisten Nutzer solcher Geräte verwenden diese auch im privaten Umfeld, sehen darin nicht nur Werkzeuge sondern Lifestyle-Produkte, mit denen sie sich gerne beschäftigen und selbst Wissen darüber aneignen. Viele Benutzer von Smartphones und Tablets sind bereits Experten oder zumindest Wissende in Teilbereichen. Was spricht also dagegen, das Wikipedia-Prinzip anzuwenden und die Gruppe aller Nutzer selbst zu fragen und ihr Wissen verfügbar machen?

Unternehmen wollen natürlich nicht die Mitarbeiter des Kern-Business bitten, Wissensartikel zu schreiben und damit ein Wiki für den Service Desk zu befüllen.

Zudem hat uns die ITIL-Theorie jahrelang geschult, eben nicht den Controller nach bestimmten Excel-Funktionen zu fragen, nicht den Vertriebskollegen mit Smartphone-Problemen zu belästigen oder nicht die Kollegen vom Marketing mit Fragen zu Word- und PowerPoint-Funktionen zu stören. Stattdessen sollten sie prozesskonform den Service Desk kontaktieren. Viele Mitarbeiter haben sich allerdings nicht an diese Anweisungen gehalten. Und wenn die nächsten Kollegen keine Antwort kennen, dann schauen die allermeisten Mitarbeiter erst einmal, ob das Internet zur eigenen Frage eine passende Antwort bereithält.

Erst wenn diese Recherchen keinen Erfolg hatten, wird der Service Desk angerufen oder ein Ticket über das Self-Service-Portal erstellt. Gestört wurden die Kollegen aber trotzdem und ein nicht zu unterschätzender Zeitaufwand wurde auch schon in das Problem investiert, bevor der Service Desk überhaupt davon wusste. Die Mitarbeiter ignorieren die ITIL-geprägten Anweisungen übrigens nicht, weil sie böswillig sind, sondern weil der Erfolg ihnen oftmals recht gegeben hat. Oft kennen die Kollegen oder eben das Internet die passende Antwort und so sind sie viel schneller wieder arbeitsfähig, als wenn sie den Prozess über den Service Desk einhalten.

6.4   Einbeziehung von Big Data-Technologien

Wenn also die Mitarbeiter nicht erziehbar sind und die Kollegen das Wissen zudem parat haben – wenigstens zu bestimmten Sachverhalten –, so lässt sich zumindest dieser Ansatz professionalisieren. Die Verschiebung der Problemlösung nicht nur vom 2nd Level auf den Service Desk, sondern noch weiter nach links auf die Endanwender selbst, ist eine sinnvolle Antwort auf das oben beschriebene Dilemma.

Für diesen etwas stärkeren Shift left benötigt die IT-Abteilung eine Art Forum oder Chatroom, in dem die Fragen der Mitarbeiter-Community gestellt werden und dort auch von ihnen beantwortet werden können. Damit nicht alle Mitarbeiter dieses Forum nach neuen Fragen, auf die sie vielleicht eine Antwort hätten, durchforsten müssen, wäre es sinnvoll, wenn das System die passenden Mitarbeiter per E-Mail benachrichtigt. Um die passenden Mitarbeiter für eine Frage zu erkennen, benötigen die Mitarbeiter eine Art Profil, in dem sie ihre Wissensbereiche und Themenschwerpunkte aufführen und pflegen. Die Algorithmen, die eine Frage dann dem passenden Profil zuordnen und damit den richtigen Mitarbeiter per E-Mail benachrichtigen, müssen natürlich etwas ausgereifter sein. Wenn ein Mitarbeiter zu oft falsch benachrichtigt wird, wird er seine E-Mails bald ignorieren.

Moderne Big Data-Technologien und Werkzeuge, die nicht nur strukturierte sondern auch unstrukturierte Daten analysieren können, sind für so ein

Social Collaboration	Intelligenter Self-Service	Integrierte Analyseplattform
• Einfache Kommunikation • Vielfältige Informationen • Einbindung von Anwendern	• Schneller Weg zur Lösung • Kontextabhängige Suche • Kollegen helfen	• Suche in struktuierten und unstrukturierten Daten • Analyse fast in Echtzeit

Abb. 6.2 Social Anforderungen an heutige IT-Service-Management-Lösungen

System unabdingbar. Solche Werkzeuge sind aber schon seit längerem auf dem Markt verfügbar und seit kurzer Zeit auch Bestandteil besonders innovativer IT-Service-Management-Systeme. Die Anforderungen an eine moderne IT-Service-Management-Lösung werden in Abb. 6.2 grafisch dargestellt.

Die nächste Frage, die in dieser Diskussion gestellt wird, betrifft die Qualität der Antworten und vor allem ihre Verlässlichkeit. Schließlich kann jeder in sein Profil schreiben, was er will und sich bei der Beantwortung von Fragen mal mehr und mal weniger Mühe geben. Können sich Fragende überhaupt auf die Antworten eines oder mehrerer Mitarbeiter verlassen? Schließlich ist keine der Antworten qualitätsgesichert und redaktionell überarbeitet. Wer zuvor Kollegen gefragt hat, hat sich oft denjenigen herausgesucht, von dem er glaubte, er kenne sich mit dem betreffenden Thema aus.

Jetzt sucht das System die Antwortenden anhand der selbst eingetragenen Profilangaben heraus. Die Erwartung bezüglich der Stabilisierung der Qualität ist vergleichbar mit der Entwicklung von Wikipedia. Zugegeben ist die Nutzer- und Autorengemeinde ungleich kleiner im eigenen Betrieb, aber die Themenbereiche sind ja auch deutlich eingeschränkter. Je mehr Kollegen sich beteiligen, desto besser wird die Qualität der Antworten. Mittels Bewertungsoptionen, in denen die Qualität der Antwort bestätigt oder kritisiert wird, können schlechte oder falsche Antworten in der Hierarchie nach unten sinken und werden kaum noch wahrgenommen. Für den Start ist es daher sinnvoll, so ein Forum zumindest zu moderieren.

Besonders wichtig ist allerdings, dass auch der Service Desk an den Diskussionen teilhaben kann und diese als Lösungen für die Ticket-Bearbeitung wiederverwenden kann. So lernt auch der Service Desk vom Wissen der Masse. Die direkte Frage an den Kollegen oder die Suche im Internet geht im Gegensatz dazu am Service Desk vollkommen vorbei. Eine Suchoption, die in den Chats, Fragen und Antworten suchen kann und solche unstrukturierten Daten sicher zuordnet, ist dafür eine technische Voraussetzung. Damit wären wieder die bereits erwähnten Big Data-Technologien und Suchalgorithmen im Spiel.

Wenn die Big Data-Analysewerkzeuge die Chats, Fragen und Antworten schon durchsuchen und analysieren, können sie diese auch gleich zu Themenbereichen zusammenstellen und als Reporting zur Verfügung stellen. So eine Heatmap oder Hot Topic Analyse stellt die Mitarbeiterfragen oder Suchanfragen in Themenbereichen grafisch nach der Häufigkeit des Auftretens zusammen. Die Kollegen vom Wissensmanagement können dann über dieses Reporting die gefragtesten Themen oder dringendsten Probleme erkennen und dazu Wissensartikel schreiben oder Sofortlösungen konzipieren und in einem Self-Service-Portal oder besser noch in dem Forum, in dem die Mitarbeiter ihre Fragen stellen, zur Verfügung stellen. Die Frage der Mitarbeiter an die Kollegen-Community wird so gleich zur Suche nach einem Wissensartikel und, wenn der zufällig zur Verfügung steht, wird dieser gleich kontextsensitiv angezeigt.

Die Zeit, die durch das Beantworten der Fragen durch Kollegen, verbraucht wird, kann so durch schnelle Problemlösung und wieder erreichte Arbeitsfähigkeit eingespart werden. Durch diesen Shift left kann der IT-Betrieb und der Service Desk mit der zunehmenden Geschwindigkeit der automatisierten IT-Fabrik mithalten.

Das wenige eventuell spezialisierte Wissen einzelner Kollegen wird in der Masse eben doch zu einem unschlagbaren Kompendium. Wikipedia hat uns das gezeigt und moderne IT-Service-Management-Systeme mit Big Data-Technologiemodulen können diesen Pool an Wissen auch für das IT-Management nutzbar machen. All das passiert mit so wenigen Störungen der Fachabteilung wie möglich. Wissen sowie die Kommunikation und Verbreitung von Wissen ist die Grundlage für einen funktionierenden IT-Betrieb. Solche Forumsfunktionen, die den Shift left unterstützen, sind bereits vermehrt in modernen innovativen Service-Management-Systemen zu finden.

6.5 Einsatz von Chat-Robotern

Ein weiterer Schritt zur schnelleren Lösung von Problemen und der Beantwortung von dringenden Fragen, ist die Kommunikation nicht nur der Mitarbeitergemeinde untereinander, sondern auch die Kommunikation zwischen bestimmten Software-Werkzeugen und der Mitarbeiter-Community.

Im IT-Management werden viele Software-Werkzeuge zur Analyse von anderen Systemen, zum Monitoring von Services oder zur Dokumentation bestimmter Komponenten oder Funktionen verwendet. Die Vorteile, einen Kollegen nach bestimmten Informationen zu fragen, der sich gut mit der richtigen Software auskennt, liegen auf der Hand. Genauso gut könnten die Software-Analysewerkzeuge gefragt werden, anstatt den Nachbarn zu stören. Dies wird jedoch im Normalfall nicht getan, da es keinen Zugang zu der Software gibt oder sie so kompliziert ist, dass die Antworten kaum auffindbar oder abrufbar sind oder der Umgang mit ihr gar nicht bekannt ist.

Chat-Roboter sollen dieses Dilemma beheben und den Shift left noch weiter nach links verschieben. Das unter „Chat-Ops" bekannt werdende Szenario sieht vor, dass der Anwender seine Frage weiterhin in einen Chatroom oder ein Forum schreibt, ihm dann aber kein Mitarbeiter (mit passendem Profil) antwortet, sondern die Analyse-Software, die die Daten bereit hält, über einen Chat-Roboter die Informationen in den Chatroom respektive in das Forum stellt. Da andere Mitarbeiter an dieser Kommunikation teilhaben können, sind sie auch in der Lage, die Informationen mit passendem weiterem Wissen anzureichern und andere Software-Produkte mittels Chat-Roboter in das „Gespräch" einzuladen. Auch für solche Chat-Roboter sind Big Data-Analysen die Grundlage zu sinnvoller Kommunikation.

Dieser immer weiter nach links strebende Shift left nutzt die Tatsache, dass das gesuchte Wissen eigentlich längst im Unternehmen vorhanden ist. Es schlummert verborgen in den Köpfen der Fachabteilungsmitarbeiter, es liegt auf ungenutzten Dateiablagen, es ist in Chats und E-Mails verborgen und wird in komplizierter Software dokumentiert, an die sich niemand heranwagt. Gemäß dem Motto „Wenn wir wüssten, was wir wissen" müssen Unternehmen sich dieses Wissen zu eigen machen. Unterstützt werden sie dabei von modernen Big Data-Analysen und Social Media-Technologien.

6.6 Checkliste

- Wie hoch ist die Akzeptanz des Self-Service-Portals?
- Wie hoch ist die Erstlösungsrate des Service Desks?
- Wie teuer ist ein Service Desk-Kontakt und wie teuer ist die Behebung einer Störung im Unternehmen?
- Wie hoch ist die Zufriedenheit der Fachabteilungen mit der Störungsbearbeitung?
- Wie wird die Pflege des Wissensmanagements sichergestellt?
- Sind die vorhandenen Wissensartikel veraltet oder hilfreich?
- Was suchen die Benutzer in der Wissensdatenbank und mit welchen Fragen richten sie sich an den IT-Support?
- Wie viele Benutzer fragen zunächst ihre Kollegen oder recherchieren bei Google, bevor sie den Service Desk kontaktieren?

Literatur

1. Andreas Kohne, Sonja Ringleb, and Cengizhan Yücel. *Bring your own Device: Einsatz von privaten Endgeräten im beruflichen Umfeld - Chancen, Risiken und Möglichkeiten.* Springer Vieweg, 2015.

IT-Sicherheit in der IT-Fabrik

7

Zusammenfassung

Der Begriff IT-Sicherheit wird zunehmend durch den weitergehenden Begriff Informationssicherheit abgelöst. IT-Sicherheit hat eher technische Aspekte im Blick, während der Fokus von Informationssicherheit weiter gefasst ist und zum Beispiel auch gedruckte oder gesprochene Informationen und nicht nur gespeicherte Daten umfasst. Wir sprechen in diesem Kapitel bewusst von IT-Sicherheit: Zum einen ist der Begriff im deutschen Sprachgebrauch eingängiger und zum anderen geht es tatsächlich um die Sicherheit der IT. Vor dem Hintergrund der immer stärkeren Vernetzung von IT-Komponenten und Services muss IT-Sicherheit ganzheitlich gesehen und als dauerhafte Aufgabe verstanden werden.

Die Kernaufgabe einer IT-Fabrik ist es, die für die Geschäftsprozesse eines Unternehmens erforderlichen IT-Services anforderungsgemäß bereitzustellen. Hierbei nimmt die IT-Sicherheit eine wichtige Querschnittsfunktion ein. Ihr liegen die Grundwerte Vertraulichkeit, Integrität und Verfügbarkeit zugrunde. Diese Grundwerte sehen Sie auch in Abb. 7.1.

Integrität	Verfügbarkeit	Vertraulichkeit

Abb. 7.1 Die Grundwerte der IT-Sicherheit

© Springer Fachmedien Wiesbaden GmbH 2016
A. Kohne et al., *Die IT-Fabrik*, DOI 10.1007/978-3-658-15931-3_7

Vertraulichkeit erfordert, dass die durch die Geschäftsprozesse erfassten, transportierten, verarbeiteten und gespeicherten Informationen in jeder Phase so geschützt werden, dass nur die berechtigten Anwender auf die notwendigen Informationen zugreifen können. Alle unberechtigten Dritten werden am Zugriff gehindert. Speziell bei der Verarbeitung personenbezogener Daten spielt auch der Datenschutz eine entscheidende Rolle.

Bei der Integrität geht es darum, dass die verarbeiteten und dargestellten Informationen korrekt, vollständig und konsistent sind. Änderungen der Informationen dürfen nur die dazu vorgesehenen und bereitgestellten Transaktionen vornehmen. Unberechtigte Modifikationen müssen sicher erkannt werden. Ganz unabhängig davon, ob es sich um eine (unbeabsichtigte) Verfälschung durch menschliches oder technisches Versagen oder eine (absichtliche) Manipulationen durch einen Angreifer handelt, die Weiterverarbeitung verfälschter Informationen muss ausgeschlossen werden. Die Integrität der verarbeiteten Informationen bedingt, dass die Integrität der verarbeitenden Systeme und Anwendungen ebenso sichergestellt sein muss.

Verfügbarkeit bedeutet, dass die berechtigten Anwender und Systeme die IT-Prozesse und Informationen stets wie geplant nutzen können. Hier gibt es Überschneidungen mit den Themen Notfall-Management (z. B. nach BSI-Standard Notfallmanagement (BSI 100-4)) und Business Continuity Management (siehe auch ISO 22301).

7.1 Schutzbedarfe und Risiko-Assessments

IT-Sicherheit ist kein Selbstzweck. Bei allen Maßnahmen müssen auch immer ökonomische Gesichtspunkte berücksichtigt werden. Das bedeutet, dass nicht einfach die maximale Sicherheit gefordert werden kann. Vielmehr geht es darum, das erforderliche und sinnvolle Maß an Sicherheit mit angemessenem Aufwand zu erzielen. Je nach Vorgehensweise der Organisation werden der Schutzbedarf der Anwendungen und Systeme ermittelt (z. B. nach BSI 100-2, Kap. 4.3) oder ein Risiko-Assessment (siehe ISO 27005, BSI 100-3, ISO 31010) durchgeführt. Anschließend werden in Sicherheitskonzepten die umzusetzenden Maßnahmen festgelegt.

7.2 Informationssicherheits-Management-Systeme (ISMS)

Um insgesamt ein angemessenes Maß an Sicherheit zu erreichen und aufrecht zu erhalten, ist es empfehlenswert, alle Belange und Aspekte der Informationssicherheit systematisch zu managen. Das heißt, Unternehmen sollten ein Informationssicherheits-Management-System (ISMS) einrichten und betreiben. Hierbei geht es nicht in erster Linie um eine Zertifizierung. Vielmehr ist von herausragender Bedeutung, einen geplanten systematischen Ansatz zu verfolgen und so sicherzustellen, dass kein Aspekt unberücksichtigt bleibt.

Erst ein prozessorientierter Ansatz stellt dauerhaft sicher, dass neue Risiken erkannt und behandelt werden, die Wirksamkeit von Maßnahmen überprüft und bei Bedarf Korrekturen vorgenommen werden. Das ist der Ansatz eines ISMS.

Eine Zertifizierung, z. B. nach ISO 27001:2013 oder IT-Grundschutz (Bundesamt für Sicherheit in der Informationstechnik (BSI)), kann eine sinnvolle Ergänzung sein, um den erreichten Stand gegenüber internen oder externen Kunden und Geschäftspartnern nachzuweisen. Notwendig wird eine Zertifizierung spätestens dann, wenn regulatorische und vertragliche Anforderungen eine ISMS-Zertifizierung voraussetzen, um Geschäftsfelder oder Geschäftsbeziehungen weiterbetreiben oder neu aufbauen zu können.

7.3 Herausforderung Automatisierung

Eine Besonderheit der IT-Fabrik ist, dass IT-Services weitgehend automatisiert erstellt und erbracht werden. Es werden zum einen die von den Kunden geforderten IT-Services und die zu deren Betrieb notwendige IT-Infrastruktur bereitgestellt. Zum anderen gibt es noch eine Meta-Ebene, nämlich die IT-Services, die zur Automatisierung eingesetzt werden. Eine Verletzung der Sicherheit in der Automatisierungsebene kann weitreichende Auswirkungen auf die gesamte IT-Fabrik haben.

Die Vertraulichkeit und Integrität der bereitgestellten und betriebenen Systeme sind akut gefährdet, wenn die Vertraulichkeit und Integrität der Automatisierungsverfahren zum Beispiel durch bösartig veränderte Skripte verletzt sind. Was die Verfügbarkeit betrifft, so wirken sich Ausfälle in der Automatisierungsebene nicht unbedingt unmittelbar auf IT-Services aus, sodass diese vermutlich ungestört weiterlaufen. Dennoch kann es zu erheblichen Einschränkungen in der Bereitstellung von neuen IT-Services und Änderungen kommen.

Häufig wird der menschliche Faktor in der IT-Sicherheit als potenzielles Problem gesehen. Diese Herausforderung ist auch aus der klassischen Automation bekannt und hat zu einer starken Aufwertung des Themas Qualitätsmanagement

Security Information & Event Management (SIEM)	Unified Threat Management (UTM)	Threat Intelligence	Intrusion Detection System / Intrusion Prevention System (IDS / IPS)
Sicherheitsinformationen • sammeln • korrelieren • bewerten • anzeigen	• Firewall "plus" • erweiterte Sicherheitsfunktionen • Erkennung und Abwehr "Hand-in-Hand"	• aktualisierte Bedrohungsszenarien • Erkennen neuer Angriffsmuster • Anpassung der Abwehrmaßnahmen	Angriffe • in Netzwerken • auf IT-Systemen • erkennen (IDS/IPS) • terminieren (IPS)

Abb. 7.2 Auswahl an technischen Bestandteilen, die ein Informationssicherheits-Management-System abrunden

geführt und zur Einführung von in den Prozess integrierten Überprüfungsprozessen (Quality Gates). Nur so konnte die Automatisierung ihren Siegeszug im produzierenden Bereich fortsetzen.

Auf die automatisierte Bereitstellung von IT-Services übertragen heißt das, es werden integrierte automatisierte Überprüfungsprozesse benötigt, denen auffällt, wenn etwas aus dem Ruder läuft. In Bezug auf das Thema IT-Sicherheit erfordert dies die sicherheitstechnische Überwachung der Systeme, Netze und Prozesse, um z. B. durch Eindringlinge verursachten ungewöhnlichen Netzwerkverkehr rechtzeitig zu bemerken und darauf zu reagieren.

IT-Sicherheit ist durch präventive Maßnahmen alleine nicht zu bewerkstelligen. Zunehmend gilt es, Sicherheitsvorfälle, die allen Vorkehrungen zum Trotz dennoch auftreten können, rechtzeitig zu erkennen und darauf zu reagieren. Um mit den automatisierten Prozessen mithalten zu können, müssen auch Erkennung und Reaktion weitestgehend automatisiert erfolgen. Systeme und Netze müssen überwacht werden und Ereignisse im weit verteilten Netz zentral gesammelt, miteinander korreliert und ausgewertet werden. Soweit sinnvoll und ohne Gefährdung der IT-Services möglich sollten vorher definierte Reaktionen automatisiert erfolgen.

Am Markt existieren unter den verschiedensten Bezeichnungen Lösungen, die im Rahmen eines Gesamtkonzepts eines ISMS ausgewählt und orchestriert werden müssen. Dazu gehören zum Beispiel Security Information & Event Management (SIEM), Unified Threat Management (UTM), Threat Intelligence, Intrusion Detection bzw. Prevention System (IDS/IPS). Diese Themen werden in Abb. 7.2 dargestellt.

Die Automation der IT-Sicherheit dient dazu, die kritischen Events herauszufiltern und die Sicherheitsspezialisten bei ihrer Analyse mit aufbereiteten Informationen zu unterstützen.

7.4 IT-Services und Building Blocks

Die grundlegende Idee der IT-Fabrik ist es, Building Blocks und daraus zusammen-gesetzte IT-Services anzubieten, sodass Anwender passende Angebote aus einem Katalog auswählen und bestellen können. Die IT-Services werden dann automatisiert und ohne weitere menschliche Interaktion bereitgestellt.

Im Hinblick auf IT-Sicherheit bedeutet dies, dass die benötigten Sicherheits-mechanismen entweder bereits integraler Bestandteil der angebotenen IT-Services sein müssen oder aber „veredelnd" hinzu bestellt werden können. Eine Heraus-forderung ist es, Sicherheitsfunktionen zu standardisieren und so anzubieten, dass jeder Anwender ein für ihn passendes Angebot vorfindet.

In Bezug auf Vertraulichkeit kann die IT beispielsweise Datenbanken und File-server ohne oder mit Verschlüsselung anbieten oder Verschlüsselung lässt sich ergänzend hinzubuchen. Soweit sinnvoll können auch in Abstimmung mit der IT-Sicherheit verschiedene Verschlüsselungsmechanismen oder -stärken passend zu den im Unternehmen üblichen Schutzbedarfsklassen integriert werden. Wo Ver-schlüsselung ohne Mehrkosten und nennenswerte Performance-Einbuße möglich ist, könnte sie auch Teil des Standardangebots sein.

Integrität von Daten und Nachrichten lässt sich durch digitale Signaturen si-cherstellen. Wo sinnvoll und möglich kann dies als Option hinzugefügt werden.

Was die Verfügbarkeit betrifft, so sollten verschiedene Verfügbarkeitsklassen und Wiederanlaufklassen bereits Bestandteil des Angebots sein. Für besondere Anforderungen können Ersatz-Server oder Ausweichrechenzentren bereitgestellt werden.

Inhärent unsichere Angebote wie etwa veraltete Verfahren, z. B. unverschlüssel-tes telnet, ftp im Klartext, DES, RC4 und SSL 1.x, sollten entweder gar nicht oder, falls unverzichtbar, nur mit einem deutlichen Sicherheitshinweis auf die Gefahren und auf bessere Lösungen vorgeschlagen werden.

Wichtig ist, das Angebot nicht mit unnötigen Varianten zu überfrachten, die einerseits dem Anwender die Auswahl erschweren und andererseits die Kosten der Bereitstellung in die Höhe treiben.

Die IT muss die angebotenen Funktionen klar und verständlich beschreiben, um Anwendern die Auswahl des richtigen Angebots ohne Rückfragen zu ermöglichen. Sinnvollerweise sollten Funktionen so gebündelt zur Verfügung gestellt werden, wie sie aus Anwendersicht benötigt werden. Wird zum Beispiel für einen bestell-ten Server der Zugriff aus dem Internet über TLS-verschlüsselte Verbindungen bestellt, sollte die Anforderung des notwendigen Zertifikats ebenso mit im Paket enthalten sein wie die notwendige Firewall-Freischaltung.

7.5   Herausforderung Schatten-IT

Fachbereiche entscheiden sich auf der Suche nach neuen Lösungen oftmals für
einen externen Software as a Service- oder Cloud-Anbieter, der die passende Lösung bereits fix und fertig und zu akzeptablen Kosten anbietet. Der IT-Betrieb steht
dann vor der Herausforderung, diese Dienstleistungen unter Wahrung der eigenen
Sicherheitsanforderungen integrieren zu müssen. Hierbei ergeben sich an mehreren Stellen Aufgaben, für die eine IT-Fabrik in ihrer IT-Sicherheitsinfrastruktur
Lösungen anbieten muss.

Als erstes müssen die Anwender in sicherer Weise auf den Dienst zugreifen
können. Hierzu sind geeignete Zugriffsverfahren, angefangen von TLS-gesicherter
Kommunikation bis zu Site-to-Site-VPN (Virtual Private Network), anzubieten.

Je nach Art der extern betriebenen Anwendung benötigt diese eventuell Zugriff
auf Unternehmensdaten, wie Mitarbeiterdaten, Abteilungen, Kostenstellen oder
weitere Stamm- und Bewegungsdaten. Dies erfordert sichere Übertragungsverfah-
ren.

Üblicherweise müssen sich die Nutzer des externen Dienstes bei diesem an-
melden. Hierzu sollten bedarfsgerecht geeignete Standardverfahren im IT-Service-
Katalog angeboten werden, wie beispielsweise Single Sign On, Federated Identity,
ADFS, OAuth, OpenID und SAML.

In vielen IT-Landschaften existieren darüber hinaus auch noch wichtige Services, die Fachbereiche ohne Wissen und Unterstützung der Unternehmens-IT
selbstständig eingerichtet haben. Die Probleme dabei:

1. Keine Redundanz
2. Mangelhaft betriebene Datensicherung
3. Keine definierten Recovery-Verfahren

Zudem ist ein Schutz der darin verarbeiteten Daten durch unbefugten Zugriff
nur schwer sicherzustellen.

Abhilfe schafft ein Unternehmen nur, wenn der IT-Service-Katalog so attrakti-
ve Angebote enthält, dass für Fachbereiche selbst betriebene Server uninteressant
werden. Nur so lassen sich Vertraulichkeit, Integrität und Verfügbarkeit der Dienste
und Daten sicherstellen.

7.6   IT-Service-Management und IT-Sicherheits-Management

Der Ansatz der IT-Fabrik bietet die Chance, IT-Service-Management und IT-Sicherheits-Management enger miteinander zu verknüpfen. Wenn IT-Services und Building Blocks zu höherwertigen IT-Services zur Unterstützung von Geschäftsprozessen zusammengesetzt werden, so kann dieses direkt zum Beispiel in einer zentralen Configuration Management Database (CMDB) nachgehalten werden. Damit stehen die unter anderem im IT-Notfall-Management, bei der Business-Impact-Analyse und im Business Continuity Management benötigten Informationen direkt und ohne weiteren Aufwand stets aktuell zur Verfügung. Für jeden Geschäftsprozess kann so nachgehalten werden, welche IT-Services ihn unterstützen und welche Systeme und Netze dabei im Einsatz sind.

Die IT-Fabrik bietet die klare Chance, vom weit verbreiteten Denken in einzelnen Silos (Server-Administration, Netzwerk-Administration, Sicherheits-Administration) zu einer für die Anwender einheitlichen Darstellung zu kommen. Diese Chance sollten Unternehmen auch durch die sinnvolle Gestaltung ihres IT-Security-Angebots nutzen.

7.7   Checkliste

- Gibt es eine Aufstellung aller Werte der IT (Anwendungen, Systeme, Daten etc.)?
- Wurde eine Klassifizierung anhand des Schutzbedarfs vorgenommen?
- Verfolgt das Unternehmen einen systematischen Ansatz für das Risiko-Management?
- Wie geläufig sind die Anforderungen eines Informationssicherheits-Management-Systems?
- Wurde bewertet, in wie weit diese Anforderungen bereits erfüllt werden?
- Werden alle wichtigen Ereignisse so protokolliert, dass ein Angreifer die Protokollierung nicht ändern kann?
- Werden die Logfiles maschinell ausgewertet, Ereignisse miteinander korreliert und im Zusammenhang bewertet?
- Berücksichtigt das IT-Service-Angebot die notwendigen IT-Security-Aspekte in ausreichendem Maße?

Literaturempfehlungen

Da es sich bei diesem Buch um eine Einführung in das sehr komplexe und facetten-reiche Thema IT-Fabrik handelt, konnten nicht alle Themengebiete in der nötigen Tiefe vorgestellt werden. Um Ihnen aber die Möglichkeit zu bieten, sich weiter mit den einzelnen Aspekten einer IT-Fabrik zu beschäftigen, haben die Autoren eine weiterführende Literaturliste zusammengestellt. Die hier aufgeführten Bücher und Artikel helfen Ihnen, sich weiter mit den einzelnen Themen auseinander zu setzen.

Anforderungsorientierte IT

- Volker Johanning. IT-Strategie: Optimale Ausrichtung der IT an das Business in 7 Schritten. Springer Vieweg, 2014
- Inge Hanschke, Gunnar Giesinger, and Daniel Goetze. Business Analyse – einfach und effektiv: Geschäftsanforderungen verstehen und in IT-Lösungen umsetzen. Carl Hanser Verlag GmbH Co KG, 2016
- Michael Lang. CIO-Handbuch: Strategien für die innovative und agile IT-Organisation. Band III. Symposion Publishing, 2014

Service-Katalog und IT Building Blocks

- Troy DuMoulin, Bill Fine, and Rodrigo Flores. Defining IT Success Through The Service Catalog. Van Haren, 2007
- Troy DuMoulin. It Service Catalog Examples. Zugriff am 01. September 2016 auf http://blogs.pinkelephant.com/index.php?/troy/it_service_catalog_examples/, 2007
- David M. Meltzer. How an enterprise architect used change management tools to diagnose business problems (trends and insights). Zugriff am 01. September 2016 auf https://blogs.technet.microsoft.com/valuerealization/2014/08/25/how-an-enterprise-architect-used-change-management-tools-to-diagnose-business-problems-trends-and-insights/, 2014

© Springer Fachmedien Wiesbaden GmbH 2016
A. Kohne et al., *Die IT-Fabrik*, DOI 10.1007/978-3-658-15931-3

Portal und Multi-Provider-Management

- Kevin Holland. An introduction to Service Integration and Management and ITIL®, Zugriff am 01. September 2016 from https://www.itsmf.de/fileadmin/user_upload/AXELOS-SIAM-Whitepaper.pdf, 2015
- Helge Dohle. IT-Servicequalität messbar machen – Das itSMF-Bewertungsmodell für IT-Dienstleistungen, Symposion Publishing, 2013

Betrieb und Configuration Management Database

- Michael Johnson. CMDB: What you Need to Know For IT Operations Management. Emereo Publishing, 2012
- Gerard Blokdijk and Ivanka Menken. Configuration Management Best Practice Handbook: Building, Running and Managing a Configuration Management Data Base, CMDB-Ready to use supporting documents bringing ITIL Theory into Practice. Emereo Pty Ltd, 2008
- Gerard Blokdijk. CMDB and Configuration Management Process, Software Tools Creation and Maintenance, Planning, Implementation Guide. Emereo Pty Ltd, 2008
- Klaus D Niemann. Von der Unternehmensarchitektur zur IT-Governance. Springer, 2005
- Wolfgang Keller. IT-Unternehmensarchitektur: Von der Geschäftsstrategie zur optimalen IT-Unterstützung. dpunkt. verlag, 2012

Shift left

- Robert Becker. Employee Self-Service in kleinen und mittleren Unternehmen. BoD–Books on Demand, 2009
- Harald Salomann. Internet Self-Service in Kundenbeziehungen: Gestaltungselemente, Prozessarchitektur und Fallstudien aus der Finanzdienstleistungsbranche. Springer-Verlag, 2009

IT-Sicherheit in der IT-Fabrik

- iso.org. ISO 27001. Zugriff am 01. September 2016 auf https://www.iso.org/iso/iso27001, 2016
- Beuth Verlag. Informationstechnik – IT-Sicherheitsverfahren – Informationssicherheits-Managementsysteme – Anforderungen (ISO/IEC 27001:2013 + Cor. 1:2014). Beuth, 2015

- Bundesamt für Sicherheit in der Informationstechnik (BSI). IT-Grundschutz. Zugriff am 01. September 2016 auf https://www.bsi.bund.de/DE/Themen/ ITGrundschutz/grundschutz.html, 2016
- BSI Bundesamt für Sicherheit in der Informationstechnik (BSI). IT-Grundschutz-Kataloge Arbeitshandbuch, Bundesanzeiger Verlag, 2015

Printed in the United States
By Bookmasters

Printed in the United States
By Bookmasters